A construção do
psicoterapeuta

Dados Internacionais de Catalogação na Publicação (CIP)
(Câmara Brasileira do Livro, SP, Brasil)

Cardella, Beatriz Tereza Paranhos
   A construção do psicoterapeuta - uma abordagem gestáltica /
Beatriz Helena Paranhos Cardella - 3. ed. São Paulo : Summus, 2017.

   Bibliografia
   ISBN 978-85-323-0774-3

   1. Gestalt (Psicologia). 2. Gestalt-terapia. 3. Psicoterapeutas. 4.
   Psicoterapia I. Título.

02-4961   CDD-150.1982

Índice para catálogo sistemático:
1. Psicoterapeutas : Formação : Abordagem gestáltica :
Psicologia   150.1982

www.summus.com.br

EDITORA AFILIADA

Compre em lugar de fotocopiar.
Cada real que você dá por um livro recompensa seus autores
e os convida a produzir mais sobre o tema;
incentiva seus editores a encomendar, traduzir e publicar
outras obras sobre o assunto;
e paga aos livreiros por estocar e levar até você livros
para a sua informação e o se entretenimento.
Cada real que você dá pela fotocópia não autorizada de um livro
financia um crime
e ajuda a matar a produção intelectual de seu país.

A construção do psicoterapeuta

Uma abordagem gestáltica

Beatriz H. P. Cardella

summus
editorial

A CONSTRUÇÃO DO PSICOTERAPEUTA
Uma abordagem gestáltica
Copyright © 2006 by Beatriz Helena Paranhos Cardella
Todos os direitos reservados por Summus Editorial

Capa: **Magno Paganelli**

Editoração: **All Print**

2ª reimpressão, 2024

Summus Editorial
Departamento editorial
Rua Itapicuru, 613 – 7º andar
05006-000 – São Paulo – SP
Fone: (11) 3872-3322
http://www.summus.com.br
e-mail: summus@summus.com.br

Atendimento ao consumidor
Summus Editorial
Fone: (11) 3865-9890

Vendas por atacado
Fone: (11) 3873-8638
e-mail: vendas@summus.com.br

Impresso no Brasil

Dedico este trabalho a minha mãe Sonia Taciana Paranhos Cardella, in memoriam, mestra da coragem, do amor à vida, das grandes travessias. Sua memória é uma bênção.

Agradecimentos

Minha gratidão à orientadora deste trabalho, pela confiança em minha capacidade e por ensinar com tanto sabor, como fazem os verdadeiros mestres; não consigo imaginar essa trajetória de três anos sem a sua companhia.

Christina Menna Barreto Cupertino

Minha homenagem à mulher que tem a mais bela alma que conheci e que me ajuda docemente a tornar meus sonhos realidade.

Maria Valéria Silvestre

Meu reconhecimento a um homem amoroso e lúcido, que me guia, acompanha e apóia há tantos anos; jamais poderei expressar sua importância na grande viagem da minha vida.

Antônio Stecca Fernandes, o Tony

Meu agradecimento a uma profissional profunda, respeitosa e humana. Obrigada pelas sugestões fundamentais que deram nova vida a este trabalho.

Ana Maria Loffredo

Minha gratidão ao homem de quem herdei o amor pelos livros e pelos mistérios.

Meu pai, Julio (in memoriam)

Meu carinho aos companheiros de viagem, meus irmãos
Jacqueline, Julio César e Haroldo

Minha gratidão a doce presença amiga
Fátima Aparecida Gomes Martucelli

À mulher-guerreira, valorosa e querida, que sempre me incentivou e apoiou para que eu pudesse alçar os meus vôos; uma referência permanente em meu caminho profissional
Lilian Meyer Frazão

Minha gratidão às pessoas muito amadas, mestres da vida, que tanto me ensinam, que lapidam os meus dons e revelam meus limites, que me tornam mais humana, amorosa e humilde. Obrigada por seu amor e respeito
Meus clientes e alunos

Meu reconhecimento àqueles com quem compartilho o árduo e fascinante ofício de buscar sentido para a existência e ser instrumento de resgate da dignidade da vida humana
Meus colegas psicoterapeutas

Meu amor àquele que faz a alegria dos meus dias
Yuri

Índice

Apresentação 11

Prefácio 15

Introdução 21

PARTE I

1   A abordagem gestáltica 33
    A atitude fenomenológico-existencial 34
    O pensamento oriental 41
    Os conceitos básicos 44
    A concepção metodológica da Gestalt-terapia: o método da
       awareness 67
    As técnicas da abordagem gestáltica: experimentos e exercícios . . 70
    A questão do conhecimento e a ciência moderna 81

2   A fenomenologia: uma alternativa ao paradigma racional . . . 81
    A questão do conhecimento e a ciência moderna 81
    A construção do conhecimento em Psicologia e na
       Gestalt-terapia 84

3   O gestalt-terapeuta e o confronto com a alteridade 87

4   A concepção de aprendizagem e a Gestalt-pedagogia 91
    A aprendizagem como exposição e estranhamento 91

A Gestalt-pedagogia e a formação do gestalt-terapeuta 98
A relação professor–aluno 100
A formação do psicoterapeuta na abordagem gestáltica 102
A apresentação da Gestalt-terapia 107

PARTE II 111

5 A palavra poética e a incorporação do saber 111
A experiência (imagem) poética e a palavra poética:
possibilidade de encarnação do saber 114

PARTE III 131

6 O método 131
A escolha do método 131
O ambiente 136
Os sujeitos 137
A coleta de dados 138
O referencial de análise 139

PARTE IV 141

7 O processo de análise 141
A disponibilidade e a exposição: condições para a escuta 144
A repetição 154
Os relatos e suas diferentes dimensões 160
A experiência de integração e sua fabricação 168
Os entraves 175

Considerações finais 179

Anexo 187

Referências bibliográficas 229

Apresentação

"Como aprender a ser uma psicoterapeuta competente?"
Formulada há quase duas décadas, essa pergunta vem norteando as diversas etapas de vida profissional de Bia Cardella.

Sob a forma de uma inquietação surgida quando ela ainda era uma estudante de Psicologia, essa questão precocemente colocada já indica seu interesse diferenciado e compromisso com o exercício incrivelmente complexo dessa função.

"Ser psicoterapeuta" não é alguma coisa fácil de definir e explicar de maneira que a idéia seja completamente compreendida: apenas aqueles que a experienciam – de ambos os lados, como clientes ou psicoterapeutas – entendem seu verdadeiro alcance.

Tantas são as condições que permeiam essa especial relação entre alguém que procura alívio para o sofrimento psíquico e um outro que está lá, disponível para ajudar. Tantas são, também, as condições que permeiam a relação entre aquele que persegue sua formação para essa tarefa e as pessoas encarregadas de ensiná-la.

Tais relações acontecem na inserção em uma área do conhecimento – a Psicologia – caracterizada pela multiplicidade: de abordagens, de campos de atuação, de enquadramentos possíveis. São, na verdade, saberes diversos os que constituem o fazer psicológico, sem a possibilidade de unificação ou do estabelecimento de critérios objetivos seguros que norteiem as opções e decisões de cada profissional.

Recorrendo a um texto que eu mesma escrevi em outro lugar,[1] e que não consigo formular de outra maneira, "eternamente maravilhados, por outro lado, com a profusão caleidoscópica pela qual o existir humano, matéria-prima de nosso ofício, se mostra a nós, constatamos o (feliz) desapontamento diante da incapacidade de métodos e discursos em aplainar nossas idiossincrasias, enquanto resistimos a todos os esforços empreendidos no sentido de fazer de todos nós um só: o mesmo. Esta situação coloca-nos diante do desafio de desenvolver nossas atividades práticas lançando mão de outros recursos, dos quais o principal é a *própria pessoa que nós somos...*".

É dessa integração obrigatória entre, por um lado, um conhecimento explícito, acumulado, transmitido como informação, e, por outro, a pessoa do psicoterapeuta, que deve gestar e processar esse conhecimento a partir de sua história de vida, de suas particularidades e idiossincrasias, tornando-o parte de si mesmo, que trata *A construção do psicoterapeuta*.

Este é um trabalho que responde, de forma competente e segura, a um desafio: o de descrever e analisar os aspectos subjetivos dos quais depende, entre outras coisas, "ser um psicoterapeuta competente". Perseguir essa intenção pressupõe enfrentar o risco de assumir que, apesar de não sabermos de que forma essa subjetividade entra em ação nem como é posta em movimento, podemos compreendê-la desde a experiência vivida.

É isso que Bia faz. Atravessa e desbrava os meandros do aprendizado, a partir de si mesma e dos alunos que vem formando ao longo de sua carreira. Para analisar os relatos de experiência, recorre a um consistente conhecimento da gestalt-terapia, vertente por ela escolhida.

Sua preferência por essa abordagem não impede, entretanto, que exerça com força a crítica às vulnerabilidades teóricas que a permeiam, apontando lacunas importantes. Para isso contribui o

---

1. No livro *Criação e formação*, de 2001.

esclarecimento de seus fundamentos e a associação com a fenomenologia.

Mais que isso, no entanto, o que sustenta o trabalho é a abertura pessoal de sua autora, visando a uma escuta ampla de seus interlocutores, permitindo que os significados da experiência vivida por todos, inclusive ela mesma, aflorem livres de amarras precocemente categorizadas, constituindo um conhecimento rico sobre aspectos muito relevantes para a formação de "psicoterapeutas competentes".

Beatriz Cardella, corajosamente, expõe-se nessa obra como o fez ao longo de todo o processo de pesquisa no qual ela se apóia, na busca por confirmar sua crença em que o aprendizado só acontece como abandono temporário de certezas, nos momentos em que ocorrem a contrariedade e o deslocamento.

Dessa maneira mostra como aprendem com ela seus supervisionandos, como com eles ela mesma aprende, e como podemos todos aprender com o relato aqui apresentado.

Christina Cupertino
Doutora em Psicologia e professora de
psicologia na Universidade Paulista

Prefácio

O encontro do olhar curioso de uma professora com a sensibilidade em exercício permanente que exige a posição de uma psicoterapeuta, produziu uma pesquisadora que recorta, com justeza, um objeto de investigação inspirado por uma pergunta fundamental: "É possível ensinar alguém a ser terapeuta"?

Atravessada pela inquietude e pela paixão, sem as quais não é possível se descolar do porto seguro do já consagrado, Bia nos permite acompanhar, passo a passo, as idas e vindas de suas descobertas, vacilações e "surpreendências", traçando uma verdadeira aventura investigativa, que é autenticada pela constatação, ao final desse percurso: "No início desta pesquisa não pude (felizmente) vislumbrar o ponto de chegada".

Trajeto exemplar que demonstra como, no campo ao qual seu estudo se debruça, as atividades clínica, de pesquisa e de transmissão de conhecimento convergem no solo comum que as sustenta – o *método* particular que confere identidade epistemológica à Gestalt-terapia, em sua articulação com seu corpo teórico.

Essa rede de interferências recíprocas deixa transparente que só se ensina aprendendo, e só se aprende a partir de um desajuste provocado no conforto ilusório de nossas certezas, o qual, ao romper o circuito do familiar, faz surgir o inevitável estranhamento que está no próprio cerne do processo de aprender. Essa produção de alteridades é o sinal inequívoco de que esse processo está em curso e, em alguma medida, está na trilha daquilo a que se propôs. Este estudo analisa, justamente, os componentes da ambientação necessária para colocá-lo em andamento.

Creio ser possível considerar que seu trabalho examina as conseqüências teórico-metodológicas, do ponto de vista da transmissão de conhecimento, do clássico enunciado segundo o qual "o terapeuta é seu próprio instrumento de trabalho". Uma vez que este instrumento se cria, aperfeiçoa-se e opera, sempre, num campo intersubjetivo, a *relação* professor-aluno é o foco privilegiado para observar as nuanças das condições peculiares que favorecem a emergência da função criativa e da mobilidade psíquica que a fundamenta. É este o solo essencial no qual a dicotomia teoria-experiência pode ser desvanecida.

Neste contexto, é coerente que seja em torno do discurso poético que gravitem as considerações sobre o processo de ensinar e aprender, cuja analogia com o acontecer da clínica é mobilizada durante todo o percurso. As contribuições de Barthes, Bachelard, Paz e Badiou, relativas à fenomenologia da criação poética, permeiam de ponta a ponta a construção desse eixo fundamental do trabalho, garantindo consistência ao manejo conceitual da articulação entre poesia e psicoterapia, e permitindo demonstrar *como* o instrumental teórico-metodológico da Gestalt-terapia pode favorecer e ilustrar essa relação essencial.

Se a complexidade do momento poético o faz " espantoso e familiar",[1] como já o disse Bachelard, é possível sintetizar, nas palavras de Fédida, que "o ato poético é exatamente o ato de apropriação do próprio a partir desse sítio instaurado como estrangeiro".[2] A autora explicita como é este o principal objetivo do

---

1. BACHELARD, G. *O direito de sonhar*. São Paulo, Difel, 1985, p. 184.
2. FÉDIDA, P. *Nome, figura e memória*. São Paulo, Escuta, 1992, p. 53.

método constitutivo, tanto da situação terapêutica quanto da de ensino, destacando, porém, que "o ato de ensinar é a conjugação de discursos diversos".

Nessa *conjugação*, fundamental para incorporar o saber na formação de um terapeuta, a apreensão teórica envolve algo como um "deixar-se afetar pelo conceito", uma espécie de "experiência conceitual" sensório-cognitiva, que não só expande a percepção de si mesmo no processo de aprendizagem, como permite o adequado entendimento do método que se pretende ensinar. Nesse sentido, o trabalho de Bia se volta para uma *poética terapêutica*, desde que o estudo como a dimensão poética da criação e da recriação constantes de sentido pode ser mobilizado, tanto no ensino como no *setting* terapêutico.

Em relação ao espaço pedagógico, fica demonstrado de forma esclarecedora que tanto a "fala plena de contato" como a "fala sobre" termos consagrados do repertório gestáltico são ambas constituintes do processo de formação do terapeuta, pois a disciplina e a repetição são fundamentais para elaborar o conhecimento teórico acumulado. Nesta perspectiva, é o modo de conjugar esses dois tipos de discurso que irá propiciar um trabalho que não produza nem alimente a dicotomia teoria-experiência, impasse tão conhecido dos que estudam a história do percurso da Gestalt-terapia.

A pesquisa de Bia contribui significativamente para o tratamento deste tema, essencial para responder à pergunta inicial que anima este trabalho. Para isto, utiliza de forma consistente e conseqüente o conceito de "ajustamento criativo", central nesta abordagem, instrumento que permite demonstrar como toda operação metodológica deve ser necessariamente "ajustada" às singularidades de cada aprendiz, de cada cliente e do campo intersubjetivo particular no seio do qual são produzidas.

Nesse processo se assenta a possibilidade de uma aprendizagem fundada na genuína fabricação de diferenças, cujo horizonte maior, tanto no processo terapêutico como no pedagógico, é a conquista do próprio *estilo*. Esta obra testemunha o esforço, o rigor, a dedicação amorosa e, principalmente, a disposição de abandonar-se às trilhas do desconhecido, implicados neste processo.

Nada melhor do que estimular sua leitura por meio das palavras da própria autora: "Deixo ao leitor a possibilidade de acompanhar-me nesse processo e encontrar uma perspectiva possível para olhar o seu próprio trabalho, na intenção de contribuir com a construção do conhecimento na abordagem gestáltica e apresentá-lo a docentes e aos novos profissionais". Com certeza, a autora foi muito bem-sucedida em seu projeto, contribuindo para o ensino, para a pesquisa e para a clínica no campo da Gestalt-terapia.

Ana Maria Loffredo
Psicanalista, doutora em Psicologia Clínica,
profª. do Instituto de Psicologia da USP

O tempo é contínua cisão e não descansa nunca: se reproduz e se multiplica ao separar-se de si próprio. A cisão não se cura com o tempo e sim com algo ou alguém que seja não-tempo.

Cada minuto é o punhal da separação – como confiar nossa vida ao punhal que nos degola? O remédio está em encontrar um bálsamo que cicatrize para sempre essa contínua ferida que nos afligem as horas e os minutos. Desde que surgiu sobre a Terra – ou porque foi expulso do paraíso ou porque é um momento da evolução universal da vida – o homem é um ser incompleto. Nasce e logo foge de si mesmo. Aonde vai? Anda em busca de si próprio e se persegue sem cessar. Nunca é ele e sim o que quer ser, o que se busca; e ao se alcançar, ou acreditar que se alcançou, desprende-se novamente de si, desaloja-se, e prossegue sua perseguição. É o filho do tempo. E mais: o tempo é seu ser e sua doença constitucional. Sua cura só pode estar fora do tempo [...].

Não há saída? Sim, há: em alguns momentos o tempo se entreabre e nos deixa ver o outro lado. Estes instantes são experiências de conjunção do sujeito e do objeto, do eu sou e você é, do agora e sempre, do mais além e do aqui. Não são reduzíveis a conceitos e só podemos a elas aludir com paradoxos e com as imagens da poesia. Uma dessas experiências é a do amor, na qual a sensação se une ao sentimento e ambas ao espírito. É a experiência do total estranhamento: estamos fora de nós, lançados diante da pessoa amada; é a experiência da volta à origem, a esse lugar que não está no espaço e que é nossa pátria original. A pessoa amada é, ao mesmo tempo, terra incógnita e casa natal; a desconhecida e a reconhecida [...] O amor suprime a cisão.

A dupla chama: amor e erotismo
Octavio Paz

Introdução

> *Ninguém sabe nadar de fato antes de ter atravessado, sozinho, um rio largo e impetuoso, um braço de mar agitado. Só existe chão em uma piscina, território para pedestres em massa [...] A verdadeira passagem ocorre no meio. Qualquer sentido que o nado tome, o solo jaz a dezenas ou centenas de metros sob o ventre ou a quilômetros atrás e na frente. Eis o nadador sozinho. Deve atravessar, para aprender a solidão. Esta se reconhece no desvanecimento das referências.*
>
> *Filosofia mestiça*
> Michel Serres

Este trabalho surgiu a partir de questionamentos decorrentes de meu trabalho como psicoterapeuta e professora de Psicoterapia na Abordagem Gestáltica, assim como de transformações vividas e de escolhas realizadas relativas a meu modo de trabalhar, no decorrer de meu processo de formação e exercício profissional.

A formação profissional e o exercício da Psicoterapia envolvem uma qualidade de presença do psicoterapeuta que exige um árduo e intenso trabalho sobre sua própria pessoa, do qual decorrem inúmeras e contínuas transformações de grande complexidade e abrangência.

O trabalho docente relacionado ao ensino da Psicoterapia é igualmente mobilizador, para o professor comprometido com a tarefa de contribuir para a formação de um profissional disponível para o trabalho sobre si mesmo e para estar a serviço do outro.

O primeiro objetivo desta introdução é, portanto, avaliar minha trajetória e algumas das transformações vividas, e, a partir dessa perspectiva, produzir e apontar as questões que norteiam essa pesquisa.

Meu interesse e minhas reflexões sobre o aprendizado da Psicoterapia começaram há cerca de 18 anos, quando ainda era uma estagiária de Psicologia Clínica e uma iniciante na prática da Psicoterapia.

Como estudante, minha principal questão era: Como aprender a ser uma psicoterapeuta competente?

Ao atender meus primeiros clientes na Clínica-escola da Pontifícia Universidade Católica de Campinas, logo percebi que precisava desenvolver-me em vários sentidos para aprender a relacionar-me terapeuticamente, pois o contato com os clientes era mobilizador e intrigante.

Em busca de instrumentos para aprender a trabalhar, continuei a realizar supervisões, a fazer minha própria psicoterapia, iniciei cursos de pós-graduação, e continuei a atender meus primeiros clientes.

Minha formação inicial deu-se na Abordagem Comportamental que continuou norteando meu trabalho durante três anos após minha formação, assim como as próprias supervisões, a psicoterapia pessoal e os cursos de aperfeiçoamento.

Meu engajamento nessa abordagem deu-se num contexto de formação em que havia apenas duas opções de escolha: a linha Psicanalítica Freudiana ou a linha Comportamental.

Identificava-me com o posicionamento terapêutico da Abordagem Comportamental no sentido da possibilidade de o terapeuta ser um elemento mais ativo no processo terapêutico; as técnicas terapêuticas eram mais diversificadas e a princípio mais "acessíveis", oferecendo aparentemente maior apoio, no início de uma trajetória profissional naturalmente caracterizada pelo desconhecimento de referências suficientes para a realização de um trabalho complexo como a Psicoterapia.

A insegurança de recém-formada parecia ser amenizada tendo à disposição um instrumental teórico-técnico operacionalizado na literatura, que oferecia certo suporte para o início do meu trabalho como psicoterapeuta.

Percebia em minha experiência a presença de um hiato entre a teoria e a prática; era como se eu tivesse deixado um universo (teoria) para penetrar em outro (prática), desconhecido e diferente.

Passei a buscar na técnica uma maneira de aplainar essa distância e adquirir certa segurança para viver a experiência de encontrar-me com os clientes.

A partir de 1988, comecei a ministrar aulas na Faculdade de Ciências da Saúde São Camilo, no Curso de Formação de Fonoaudiólogos, onde ministrava as disciplinas Psicologia da Aprendizagem e Psicologia do Excepcional.

Nesse mesmo ano, nas Faculdades Objetivo (posteriormente Universidade Paulista-Objetivo) ministrei aulas no Curso de Formação de Psicólogos. Inicialmente, as disciplinas Psicologia Experimental III e IV, e posteriormente Psicoterapia Comportamental-Cognitiva.

Em 1991 especializei-me na Abordagem Gestáltica, e depois de três anos passei a dar aulas de Gestalt-terapia ao integrar a equipe docente do Curso de Especialização em Arte-terapia (na Abordagem Gestáltica) do Instituto Sedes Sapientiae, onde ministrei, inicialmente, a disciplina Ciclos Vitais II e, posteriormente, Teoria da Gestalt.

A partir de 1997, no Curso de Especialização em Gestalt-terapia desse mesmo Instituto, assumi a disciplina Teoria da Gestalt I, e continuo a ministrá-la, além da disciplina Instrumentação Terapêutica II, e Trabalho de Conclusão de Curso I e II. Ao longo dessa experiência minha relação com os alunos e os conteúdos abordados na sala de aula passaram por mudanças significativas.

No início de minha carreira docente, observava a presença de uma lacuna, de uma tensão, que justificava da seguinte maneira: uma maior facilidade para transmitir conteúdos teóricos e uma insegurança que me fazia evitar situações desconhecidas como vivências e experiências que me deixavam sem o controle da situação. Havia, portanto, também em minha experiência docente, a dicotomia teoria–prática, conhecimento–experiência, que me fazia buscar maneiras de resolvê-la.

E foi durante esse processo de busca que se deu meu encontro com a Gestalt-terapia, uma abordagem também caracterizada por sua riqueza instrumental, mas baseada em pressupostos teórico-filosóficos bastante diferenciados da Escola Comportamental.

Ao entrar em contato com a literatura gestáltica fui percebendo as diferenças entre as abordagens quanto à concepção de homem, à atitude terapêutica, ao método de trabalho e aos instrumentos terapêuticos.

Identifiquei-me com seus pressupostos fenomenológico-existenciais acerca da natureza humana e com a ênfase na relação entre cliente e terapeuta, como caminho de crescimento na Psicoterapia. Senti necessidade de aprofundar meus estudos e resolvi buscar um curso para orientar-me nesse processo.

Ao terminar o Curso de Especialização em Gestalt-terapia, a experiência docente era-me já bem mais confortável. Observava fluidez na relação com os alunos. Comecei a ousar, criar e inventar maneiras de favorecer e nomear a experiência do aluno no processo de conhecer.

Passei a observar mudanças significativas em meu modo de estar na sala de aula.

No que se refere à ocupação do espaço, costumava posicionar-me atrás da mesa e muito próxima ao quadro-negro.

Passei a circular pela sala, aproximando-me dos alunos com maior desenvoltura, dirigindo-me a determinado aluno quando ele me solicitava por meio de comentários, perguntas ou expressões faciais e corporais que me mobilizavam.

Quanto à utilização do quadro-negro e de planos por mim elaborados, também passei a observar gradualmente uma modificação. Costumava iniciar as aulas com um roteiro dos assuntos escrito no quadro para servir-me de guia. Utilizava com freqüência as anotações que trazia, para assegurar-me de uma seqüência a ser seguida e de conceitos que precisavam ser abordados.

Percebi que a utilização do quadro-negro foi se tornando esporádica e passou a funcionar como meio para enfatizar determinados aspectos e sintetizar didaticamente o tema discutido.

O plano de aula elaborado *a priori* foi sendo esquecido e deixado de lado. Não sentia mais necessidade de recorrer a esse material, pois os conceitos e sua organização, seqüência e articulação tornaram-se parte de mim mesma, adquirindo novas e criativas configurações durante o processo que se desenrolava durante cada aula.

Percebi também que, em vez de "pré-ocupar-me" com freqüência quanto ao que considerava importante ser mencionado aos alunos, as idéias, os exemplos, as imagens e a percepção do que se passava ao meu redor brotavam espontaneamente, sem esforço, com fluidez e coerência.

Desenvolvi uma capacidade de partir de diferentes pontos para abordar um tema: exemplos clínicos, situações da vida diária, textos literários, questões feitas *para* e pelos alunos, sensações e percepções do momento presente, conceitos extraídos de um texto, discussões e situações da aula anterior, exercícios gestálticos etc.

Além disso, pude também observar que, apesar desses diferentes pontos de partida utilizados alternada e dinamicamente, havia um fio condutor integrando coerentemente esses pontos, de modo que formavam uma configuração clara e bem delineada do tema em questão.

Eu estava, então, impregnada da Abordagem Gestáltica, seus pressupostos, sua teoria, seu método, sua atitude: o conhecimento acumulado atualizava-se encarnado[1] pela via da experiência.

A Gestalt-terapia já estava enraizada em meu universo particular de modo que se constituiria numa óptica ou perspectiva para observar-conhecer-intervir, ou seja, para vivenciar os fenômenos na relação terapêutica e pedagógica.

Eu estava amadurecendo pessoal e profissionalmente, e a dicotomia teoria–prática começava a dar lugar a uma atitude caracterizada pela integração do conhecimento à minha percepção, emoção, cognição, linguagem e ação em sala de aula. Essa integração permitia-me ter uma qualidade de presença na relação com os alunos de modo que favorecesse o aprendizado, ou seja, a incorporação do conhecimento às suas capacidades individuais.

Como professora das disciplinas Teoria da Gestalt I e Instrumentação Terapêutica II, diante de angústias e questões semelhantes àquelas com as quais eu me debatia durante minha graduação e meus primeiros anos de formada, visualizava algumas respostas.

Tendo percorrido um caminho profissional no decorrer do qual passei a ser uma psicoterapeuta atuante, percebo que fui respondendo (e ainda estou) a minha primeira questão acerca da capacita-

---

1. Os termos "enraizamento", "encarnação", "incorporação" e "assimilação" são, ao longo de todo o trabalho, utilizados como sinônimos; referem-se ao processo de integração do conhecimento acumulado à experiência individual. O termo "encarnação" foi sugerido pela profa. dra. Ana Maria Loffredo no exame de qualificação para esta dissertação (1998). Esse assunto será abordado com detalhes adiante.

ção profissional: tornar-me terapeuta foi uma contínua integração de crescimento pessoal e profissional, que estará sempre em processo.

Novas questões foram surgindo ao longo do tempo, e uma delas referia-se ao posicionamento, à atitude facilitadora do terapeuta na relação com o cliente, campo em que transformações podem ocorrer.[2]

Na confluência do processo vivido por mim como professora universitária e psicoterapeuta, configurou-se a questão que norteia essa pesquisa: É possível ensinar alguém a ser terapeuta? Como?

Atualmente em meu trabalho docente, observo que, ao ensinar Psicologia, favoreço a aquisição de conhecimentos ao tentar falar *com* o aluno, apresentando e questionando o pensamento dos autores, utilizando-me de exemplos e situações da vida diária, pedindo contribuições, relatos de experiências, oferecendo a minha própria experiência e lançando um olhar sobre a situação presente, ou seja, o que se passa com o aluno, comigo mesma e em nosso relacionamento.

Observo que, ao utilizar esses diferentes aspectos da experiência e professar formas discursivas diferenciadas, favoreço a mobilização dos alunos, criando um clima de escuta e receptividade para serem "perturbados": eles conhecem e desconhecem a si mesmos e aos outros.

Deixo a sala de aula com a sensação do dever cumprido e com a excitação de ter vivido algo novo.

Experimento muitas vezes a alegria de ter compartilhado, conhecido e aprendido alguma coisa *com* e sobre aquelas pessoas e sobre mim mesma; saio da classe questionando-me acerca do que

---

2. Minhas reflexões sobre a relação terapeuta–cliente e a atitude terapêutica foram transformadas em livro editado com o título: *O amor na relação terapêutica. Uma visão gestáltica*, pela Summus, em 1994.
Este livro foi escrito com o objetivo de ajudar o estudante de Psicologia a discriminar as características da relação terapêutica e a reconhecer a importância do trabalho sobre si mesmo, da necessidade de seu crescimento pessoal estar em andamento para poder estabelecer vínculos terapêuticos.

sei e do que preciso aprender; de minha atitude, e do modo de relacionar-me com o aluno.

Procuro refletir e encontrar maneiras para conseguir proximidade com determinado aluno, estabelecer limites para outro, e *o que* e *como* fiz para favorecer (ou não) o relacionamento e o aprendizado.

A tarefa de ensinar, portanto, sempre me proporcionou muito prazer e, conseqüentemente, mobilizou uma enorme energia, e nunca consegui dissociá-la da experiência de aprender. E observo que, à medida que aprendo sobre mim mesma e sobre as outras pessoas, torno-me uma professora com maior habilidade para facilitar o crescimento do aluno, pois contribuo e torno-me receptiva para receber contribuições de modo a tornar aquele momento em que nos encontramos uma construção conjunta.

Observo que, ao criar um clima de escuta, favoreço muitas vezes a autopercepção ou a estranheza no aluno, o que contribui para seu desenvolvimento pessoal, condição primordial para alguém se tornar um psicoterapeuta na Abordagem Gestáltica.

A conscientização acerca de meu auto-suporte[3] e a familiaridade com a Gestalt-terapia e seus instrumentos para facilitar o aprendizado pela experiência ajudaram-me a desenvolver, ao longo do tempo, uma qualidade de presença na sala de aula caracterizada por fluidez, criatividade e consistência.

A partir dessa trajetória profissional por mim percorrida, configuram-se as questões a que procurarei responder nesta pesquisa.

Tendo como pano de fundo a questão da apresentação da Psicoterapia, ou melhor, a possibilidade ou não de facilitar o aprendizado da Psicoterapia Gestáltica, uma nova questão delineia-se:

Esse processo vivido de incorporação do conhecimento, característico do acúmulo natural da experiência pessoal e profissio-

---

3. (o homem) "[...] é um todo composto de partes ou dimensões que podemos chamar de orgânica, emocional, cultural, intelectual [...] Suporte é a inter-relação deste todo [...] Inclui fisiologia, postura, coordenação, equilíbrio, sensibilidade, mobilidade, linguagem, hábitos e costumes, habilidades e aprendizagens, experiências vividas e defesas adquiridas ao longo da vida" (Tellegen, 1982, pp. 85-6).

nal ao longo do tempo, pode ser favorecido durante a formação do gestalt-terapeuta?

Em que condições da relação professor–aluno essa facilitação acontece?

Assim sendo, o objetivo desta pesquisa é dar a conhecer possibilidades para favorecer a aquisição de conhecimentos por parte do aluno de Psicoterapia, tendo como universo de pesquisa o Curso de Especialização em Gestalt-terapia do Instituto Sedes Sapientiae.

É importante assinalar que a hipótese que me norteia é que a aquisição de conhecimento em Gestalt-terapia inclui o desenvolvimento pessoal no processo de formação do psicoterapeuta. Portanto, o conhecimento acumulado só se atualiza quando incorporado, assimilado na experiência do aluno; para tanto, ele precisa ser "perturbado", mobilizado, para saber de si e do outro na sua alteridade.[4]

Cabe, então, ao professor de Psicoterapia Gestáltica favorecer, colocar em movimento processos pessoais do aluno, criando um clima para que se dê uma qualidade de presença-escuta na sala de aula que facilite essa mobilização.

É, portanto, função do professor criar um espaço para que os alunos compartilhem a ação/intervenção característica da Gestalt-terapia, recorrendo ao conhecimento que se enraíza para cada um em seu modo de existir particular.

Para tanto, o futuro psicoterapeuta necessita de experiências que o auxiliem a integrar o conhecimento acumulado às suas habilidades pessoais e relacionais; esta "incorporação" não pode ser deliberadamente ensinada, mas favorecida pelo professor, ao criar uma atmosfera de receptividade mediante sua presença-atitude-linguagem que facilite a atualização do conhecimento para cada aluno.

---

4. Segundo Coelho Junior (1996, p. 308), o trabalho do psicólogo implica o confronto com o outro na sua alteridade "[...] seja o outro caracterizado na diferença entre os indivíduos e entre teorias, seja o outro em nós mesmos".

Os questionamentos já citados levaram-me a buscar o Programa de Mestrado em Educação, para realizar pesquisas nessa direção que contribuam com a formação de psicoterapeutas, sempre tão discutida.

Essas são as principais questões a que procurarei responder, e que se configuram como o problema do presente estudo, que pretende não só refletir e questionar a formação acadêmica do aluno de Psicoterapia na Abordagem Gestáltica, como também sugerir caminhos para o aprimoramento dessa formação.

Este trabalho, portanto, tem por objetivo contribuir com a atual reflexão acerca da qualidade da formação dos profissionais de Psicoterapia Gestáltica, ao oferecer alternativas pedagógicas para o desenvolvimento do aluno, que visam colocar em movimento processos pessoais que funcionem como suporte para estabelecer relações de ajuda.

A Parte I trata dos Pressupostos desse trabalho: a teoria da Gestalt-terapia, seu método fenomenológico, o confronto com a alteridade como característica do trabalho do psicoterapeuta e a concepção de aprendizagem como incorporação do conhecimento ao modo de existir de cada aluno.

Abordo, assim, a Gestalt-terapia, seus principais fundamentos filosóficos e teóricos, sua metodologia e seus instrumentos terapêuticos.

Discuto a questão do conhecimento em Psicologia e em Gestalt-terapia, e a fenomenologia como alternativa para o paradigma racional.

Apresento o psicoterapeuta na Abordagem Gestáltica como profissional do confronto com a alteridade.

Discuto, também, os fundamentos da Gestalt-pedagogia, abordagem norteadora de meu trabalho docente. Apresento uma concepção de educação, aprendizagem, relação professor–aluno e metodologia de ensino.

A Parte II trata da Incorporação do Saber e da Experiência Poética como possibilidade de mobilização, de suspensão, necessária para que se dê a aprendizagem; e da palavra poética como a forma discursiva que exprime essa experiência.

A Parte III aborda a questão do Método.

O universo de pesquisa refere-se aos alunos do Curso de Especialização em Gestalt-terapia do Instituto Sedes Sapientiae. Esse curso tem a duração de três anos, com turmas compostas por cerca de 16 a 18 alunos, em geral recém-formados, vindos de diferentes universidades e faculdades de Psicologia da cidade ou do Estado de São Paulo.

Serão utilizados o paradigma compreensivo de pesquisa e o método fenomenológico.

A partir da análise dos resultados pretendo descrever as condições da relação professor–aluno nas quais ocorreu a facilitação da mobilização do aluno, que sinalizam a incorporação de conhecimento de modo que favoreça (mas não garanta) a aprendizagem da abordagem.

Por fim, comento o caminho percorrido na realização do trabalho desvelando o significado da experiência de enraizamento do saber tanto para os alunos como para mim mesma, reafirmando-o como experiência poética da criação de si mesmo no confronto com a alteridade.

PARTE I

1

A abordagem gestáltica

...e o fim de nossa viagem será chegar ao lugar de onde partimos. E conhecê-lo então pela primeira vez.

T. S. Eliot

A escolha dessa abordagem como referencial de meu trabalho terapêutico e pedagógico deu-se sobretudo em virtude de minha identificação com seus pressupostos filosóficos acerca da natureza humana, da ênfase na relação terapêutica como caminho de crescimento, assim como de sua criatividade e riqueza instrumental.

> Configuração, estrutura, tema, relação estrutural [...] ou todo organizado e significativo são termos que se assemelham mais de perto à palavra *gestalt,* originalmente uma palavra alemã, para a qual não há uma equivalência em inglês (nem em português). (Perls, Hefferline e Goodman, 1997, pp. 33-4)

A Gestalt-terapia tem fontes múltiplas. Essa abordagem foi criada a partir de uma série de influências teóricas e filosóficas, que se constituem num todo coerente, mas em constante transformação, já que não possui um corpo teórico pronto, hermético e acabado.

No entanto, para Tellegen (1984, p. 34), as principais influências no pensamento de Perls foram a psicanálise, a análise do caráter de Reich, a fenomenologia, a psicologia da Gestalt, a teoria organísmica de Goldstein, a filosofia existencial e o zen-budismo.

Para apresentar essa abordagem descrevo, a seguir, alguns dos principais pressupostos filosóficos e conceitos básicos da Gestalt-terapia, assim como sua metodologia e seus instrumentos terapêuticos.

A atitude fenomenológico-existencial

Esta é considerada o ponto de convergência da multiplicidade de fontes da Gestalt-terapia, e fundamenta sua concepção de existência humana, de relação e de método terapêutico, além de seu modelo teórico.

Segundo Loffredo (1994, p. 74):

> [...] a atitude fenomenológico-existencial dá sentido a todos os "fragmentos" de influências a partir dos quais surgiu a Gestalt-terapia, propiciando uma estrutura de "conjunto", formando uma *gestalt*, pois um leque só é montado através do ponto comum que une seus segmentos.

Entretanto, Tellegen (1984, p. 41) afirma que há na literatura da Gestalt-terapia uma falta de explicitação de suas bases fenomenológico-existenciais e que a função de Fritz Perls, seu fundador, foi abrir pistas a serem seguidas. A autora caracteriza as bases da Gestalt-terapia ao enfatizar:

> [...] o homem-em-relação, na sua forma de estar no mundo, na radical escolha de sua existência no tempo, sem escamotear a dor, o conflito,

a contradição, o impasse, encarando o vazio, a culpa, a angústia, a morte, na incessante busca de se achar e se transcender.

A maneira de seguir atenta e minuciosamente as manifestações desta experiência na sua unicidade irredutível caracteriza uma postura fenomenológica e se afasta dos tecnicismos desqualificados como "truques" pelo próprio Perls.

A abordagem gestáltica considera o homem um ser inerentemente relacional, dotado de singularidade, além de concreto e corporificado.

O homem é um conjunto de possibilidades que podem se atualizar, se realizar durante sua existência. Tem liberdade para realizar escolhas, vividas com angústia e inquietação, já que não pode escolher todas as coisas e precisa renunciar a muitas possibilidades.

Essa abordagem terapêutica e pedagógica valoriza a capacidade criativa do homem e o concebe capaz de tomar posse de si e do mundo, responsável e possuidor de potencial transformador da própria vida e do destino.

Ribeiro (1985, p. 41), ao traçar convergências entre a Gestalt-terapia e o existencialismo, afirma que

[...] tanto a proposta gestaltista como a existencialista se encontram e se irmanam no sentido de privilegiar o homem como ser que se possui, como ser livre e responsável [...] a crença no homem, aqui e agora presente, capaz de tornar-se cada vez mais consciente de si próprio, a partir da experiência vivida agora e da certeza de sua extensão para depois, dentro de uma visão holística do homem como homem e dele como ser no mundo.

Assim, tanto para a Gestalt-terapia como para o existencialismo, o homem é o intérprete mais fiel de si mesmo, centro de sua própria liberdade e libertação, detentor do poder sobre si mesmo, ainda que, momentaneamente, tenha perdido essa aptidão para autogovernar-se.

O homem é um ser em projeto, fazendo-se em processo, capaz de fazer opções e escolher o que deseja ou pretende ser. É livre para realizar escolhas e, portanto, responsável por suas ações. Assim, a Gestalt-terapia é existencial em dois sentidos:

1. no sentido geral, enfatizando o processo do existir de cada indivíduo em sua vida, no decorrer da terapia, privilegiando o sentido de sua responsabilidade e escolha na criação de sua própria existência;

2. no sentido de uma atitude particular quanto à concepção de relação, embasada no ponto de vista filosófico do Existencialismo dialógico. Nomeada na estrutura da relação propriamente dita de Diálogo Eu-Tu, Encontro, ou Encontro Existencial. A esta concepção ou atitude de relação articula-se uma metodologia de trabalho que forma, com ela, um todo coerente e indissociável. (Yontef, 1986, p. 6)

Embora F. Perls (1979) e L. Perls (*apud* Friedman, 1985) citem Buber (1974) como um existencialista que os influenciou, as referências à sua filosofia não aparecem diretamente na literatura clássica da Gestalt-terapia.

Na literatura contemporânea, entretanto, há diversos e importantes autores, como Hycner (1990, 1995), Jacobs (1978), Hycner e Jacobs (1995) e Yontef (1986, 1987, 1993), que consideram a Gestalt-terapia uma abordagem dialógica.

Considero importante, portanto, abordar, ainda que sinteticamente, as principais idéias de Buber e sua filosofia dialógica, que fundamentam trabalhos relevantes de gestalt-terapeutas que enfatizam a relação terapêutica como possibilidade de encontro e caminho de crescimento.

Buber (1974) em seu Existencialismo Dialógico considerava que a civilização moderna, com seu desenvolvimento tecnológico, fomentou o narcisismo e o isolamento do homem por não valorizar a dimensão relacional da vida.

O inter-humano acontece no "diálogo", que não se refere simplesmente ao discurso, mas ao fato de que a existência humana é fundamentalmente relacional. "No começo é a relação", afirmava Buber (1974, p. 20).

O diálogo dá-se na esfera do "entre", mediante a vivência de duas polaridades, EU-TU e EU-ISSO, as duas atitudes fundamentais do ser humano para relacionar-se com os outros e com o mundo.

A palavra princípio EU-TU só pode ser proferida pelo ser em sua totalidade. A união e a fusão em um ser total não pode ser realizada por mim e nem pode ser efetivada sem mim. O EU se realiza na relação com o TU; é tornando-me EU que digo TU. Toda vida atual é encontro. (*idem, ibidem*, p. 13)

Já em relação ao princípio EU-ISSO, Buber define:

A palavra-princípio EU-ISSO jamais pode ser proferida pelo ser em sua totalidade [...] O mundo como experiência diz respeito à palavra-princípio EU-ISSO. A palavra-princípio EU-TU fundamenta o mundo da relação... (*idem, ibidem*, pp. 4 e 6)

E, ainda, "[...] o homem não pode viver sem o ISSO, mas aquele que vive somente com o ISSO não é homem" (*idem, ibidem*, p. 39).

Assim sendo, a atitude EU-TU refere-se à relação com o outro valorizando sua "alteridade" ou,

[...] o reconhecimento da singularidade e a nítida separação do outro em relação a nós, sem que fique esquecida nossa relação e nossa humanidade comum subjacente. A pessoa é um fim em si mesma e não um meio para atingir esse fim. (Hycner, 1995, p. 24)

Na atitude EU-ISSO, a pessoa é considerada um objeto, um meio para atingir um fim; esta é, em alguns momentos, uma atitude importante e necessária para a nossa sobrevivência, que não pode encerrar-se nessa atitude ou tê-la como predominante, já que reflete a "coisificação" da vida e das relações.

Mas estar disponível para o encontro EU-TU não assegura o encontro, pois não podemos forçar o outro a encontrar-nos, nem sermos por ele forçados. Aqui deparamo-nos com os limites de nossa própria humanidade. Além disso, não podemos nos colocar deliberadamente na atitude EU-TU; o encontro é, portanto, imprevisível para ambos, ele simplesmente "acontece".

A vivência da dualidade EU-TU e EU-ISSO confere, então, uma alternância entre relação e separação, que caracteriza uma existência sadia.

> Os termos EU-TU e EU-ISSO indicam a natureza recíproca de nossa orientação relacional [...].
> Toda troca humana tem essas duas dimensões, muitas vezes simultaneamente [...] o diálogo genuíno somente pode emergir se duas pessoas estiverem disponíveis para ir além da atitude EU-ISSO e valorizarem, aceitarem e apreciarem a alteridade da outra pessoa... isso requer a transcendência da nossa individualidade [...] estar disponível para conhecer e entrar, como descreve Buber, na esfera do entre. (*idem, ibidem*, p. 25)

A Gestalt-terapia, ao valorizar a dimensão relacional da existência, e portanto o "entre", traduz a atitude terapêutica fundamentada na abordagem dialógica.

Loffredo considera a atitude de encontro existencial suporte para uma atitude fenomenológica:

> O que significa que é utilizado o método fenomenológico como caminho para a conquista do que se denomina *awareness*, objetivo focalizado pelo gestalt-terapeuta a cada passo. Valendo enfatizar [...] que a metodologia de *awareness* e a forma peculiar de contato, que é diálogo, são um todo indissociável. É importante assinalar que, na aborda-

gem fenomenológica, não se trata apenas de descrição do que se vê, mas de uma interrogação do todo que aparece. (Loffredo, 1994, p. 81)[1,2]

Para a fenomenologia, o homem não é propriamente um "objeto" de conhecimento, já que é sujeito, construtor de sua própria história e situado no mundo. A fenomenologia clareia, então, significados atribuídos que constituem um fenômeno, ou seja, um fragmento da experiência de um sujeito-no-mundo, pela descrição da experiência, da observação de "como" ela acontece. A consciência sempre é *consciência de* alguma coisa, voltada para um objeto, e o objeto, por sua vez, é sempre um *objeto para* uma consciência.

Assim, ao realizar a descrição fenomenológica, o gestalt-terapeuta privilegia o "o quê" e o "como", em vez do "porquê".

Por meio da intencionalidade algo se constitui na consciência, já que a consciência é sempre consciência de alguma coisa,

> [...] ela só é consciência estando dirigida a um objeto (sentido de *intentio*). Por sua vez, o objeto só pode ser definido em relação à consciência, ele é sempre objeto para um sujeito [...] sua essência (do objeto) é sempre o termo de uma visada de significação e que sem essa visada não se poderia falar de objeto, nem portanto de uma essência de objeto [...]. Eis por que a fenomenologia, em vez de ser contemplação de um universo estático de essências eternas, vai se tornar a análise do dinamismo do espírito que dá aos objetos do mundo seu sentido. (Dartigues, 1992, p. 18)

---

1. Os termos "totalidade", "todo" e "global" referem-se, neste trabalho, a uma concepção do homem como ser composto de partes (dimensões perceptual, afetiva, cognitiva, cultural etc.) que se inter-relacionam dinamicamente e em processo constante de transformação; relacionam-se à configuração ou *gestalt* que se forma em sua experiência como ser-no-mundo.
2. O termo *awareness* não tem correspondente em português; significa presentificação, conscientização, concentração. É um dos principais conceitos da Gestalt-terapia e refere-se também à sua metodologia, portanto, será descrito em detalhes adiante.

Assim,

> Se o objeto é sempre objeto-para-uma-consciência, ele não será jamais objeto em si, mas objeto-percebido ou objeto-pensado, rememorado, imaginado, etc. [...] objeto e consciência se definem respectivamente a partir desta correlação que lhes é, de alguma maneira, co-original [...]. Assim se encontra delimitado o campo de análise da fenomenologia: ela deve elucidar a essência dessa correlação na qual não somente aparece tal ou qual objeto, mas se estende o mundo inteiro. (*idem, ibidem*, p. 19)

Para o autor, portanto, a fenomenologia analisa as vivências intencionais da consciência para perceber como se produz o sentido dos fenômenos.

O gestalt-terapeuta, então, recusa-se a impor suas verdades como universais, ao contrário, coloca-se disponível e participante, lançando-se na relação. Assim, o conhecimento, para a Gestalt-terapia, constitui-se na interação terapeuta–cliente.

> O processo psicoterapêutico não se limita a falar sobre a vida do cliente e do terapeuta. É necessário que ambos existam autenticamente um diante do outro e um com o outro – ambos envolvidos, como seres humanos que se afetam reciprocamente. Mas num envolvimento no qual o terapeuta se oferece abertamente, sem defesas, numa presença plena, para que o cliente, que tem estado muito fechado em seu existir, possa ter a possibilidade de recuperar o seu ser-com autêntico. Um ser-com que consiste num "voltar às próprias coisas", ou voltar ao fenômeno básico da relação humana, que possibilita ao cliente a retomada do curso da sua existência, lá no início do caminho, caminho do qual ele um dia se desviou. (Forghieri, 1984, pp. 29-30)

No campo da Psicoterapia podemos verificar a atitude fenomenológico-existencial do gestalt-terapeuta ao:

1. dar ênfase à experiência imediata aqui e agora, colocando-se entre parênteses pré-concepções estranhas a este vivido imediato;
2. buscar *insight* dentro da estrutura própria ao todo fragmentado que é o campo experiencial da percepção;
3. voltar-se a um trabalho de experimentação sistemática para descrever com acuidade a estrutura dos fenômenos implicados;
4. buscar *insight* no próprio processo de *awareness*;
5. estar imbuído da "atitude fenomenológica", que supõe ser a consciência sempre "consciência de", criando condição de existência do mundo e dando-lhe sentido. (Loffredo, 1994, p. 77)

O pensamento oriental

O pensamento oriental foi uma influência fundamental na obra de Perls (1942), principalmente no que se refere à sua concepção acerca dos processos de desenvolvimento e mudança, assim como na metodologia da *awareness*.

Em sua autobiografia (1979) ele se refere à influência do pensamento de Friedlander (*apud* Perls, 1979) sobre sua vida e seu trabalho filosófico *Creative Indifference* (descrito adiante), equiparando-o ao oriental Lao-tsé.

Menciona ainda a importância de Paul Weiss (*apud* Perls, 1979), como parte integrante de seu interesse pelo zen, e utiliza-se com freqüência da terminologia oriental em suas idéias.

Perls enfatiza a influência do pensamento oriental em sua obra, na busca de ampliação da consciência, na valorização dos potenciais humanos, no desenvolvimento da sabedoria e na atitude não-moral.

A atitude oriental reflete respeito ao homem como totalidade, que se transforma continuamente quando abandona a si próprio, no desapego do passado e do envelhecido, na experiência de abertura ao novo, no contínuo fluxo da vida.

Perls concebia o indivíduo saudável como aquele capaz de "ver o novo como novo".

Um tema comum às religiões orientais presente na Gestalt-terapia é o paradoxo. Para a Gestalt-terapia, a pessoa é capaz de crescer tornando-se cada vez mais o que é, e não quando tenta ser o que não é.

> O paradoxo tão presente no pensamento oriental permeia a linguagem de Perls: mudar é tornar-se o que já é; o árido é fértil; não tentar dominar uma dor pela supressão, mas acompanhá-la atentamente, é um meio para não ser dominado por ela; permanecendo no vazio, encontra-se o pleno; o momento do caos prenuncia uma nova ordenação desde que não se tente impor ordem. (Tellegen, 1984, p. 42)

Assim,

> [...] o gestalt-terapeuta deve procurar no seu cliente aquela individualidade irrepetível, presente em todo ser humano [...]. Por isto dizemos que a Gestalt-terapia não lida com o problema em si, mas com a energia nele presente. O problema é sempre velho, mesmo sendo recente, a energia é sempre nova, porque ela nunca se repete. (Ribeiro, 1985, p. 127)

O taoísmo refere-se ao vazio fértil, ao abandono e à entrega a si mesmo, como o melhor modo de ser criativo. É preciso "esvaziar-se" para poder "preencher-se". É preciso aceitar afetos, pensamentos e desejos, mesmo que sejam desagradáveis e dolorosos, para que a mudança ocorra e para que se experiencie a harmonia e a paz.

O homem está em contínuo processo de crescimento, a vida é movimento, e transitamos entre polaridades que formam nossa totalidade.

Como já mencionei, Perls foi influenciado pelo filósofo Salomon Friedlander e sua obra *Creative Indifference*. Friedlander considerava que a perspectiva de campo só é possível se nos colocarmos do ponto zero, a partir do qual se realiza uma diferenciação em opostos, dimensões do mesmo fenômeno. Daí surge o chamado "pensamento diferencial", por paradoxos, que se afasta do pensamento causal, linear.

No ponto zero está a indiferença criativa, com possibilidades que se dirigem para os múltiplos lados da diferenciação. Não há dualidade, o cartesianismo é superado.

Perls utiliza-se inclusive do círculo *yin* e *yang*, símbolo do taoísmo. Enfatiza que na terapia o terapeuta deve facilitar ao cliente transformar o vazio estéril em vazio fértil, vivenciado como algo que surge.

> O ponto zero, para Perls, tem o sentido de descoberta (*discovery*) e a aprendizagem seria o des-cobrimento (*uncovering*) de algo "novo", diferindo-se da recuperação (*recovering*) de algo "velho" que nos pertence mas está alienado de nós. (Loffredo, 1994, p. 68)

Perls ainda falava sobre esvaziar a mente pela vivência do presente, da concentração no aqui-e-agora. Utilizava-se do termo "satori" para referir-se a descobertas e relações de significados, numa explícita referência ao pensamento oriental.

A Gestalt-terapia, assim como o pensamento oriental, enfatiza:

> [...] a vivência e a consciência do aqui-e-agora, [...] a visão do sentido das polaridades, [...] a ênfase em um contínuo processo de crescimento, [...] o apelo à totalidade do corpo, o predomínio das emoções sobre o pensamento, [...] a necessidade de autoconfiança, de auto-realização e auto-atualização [...] a necessidade de aceitar as experiências mais que analisá-las, na crença, na capacidade de um verdadeiro crescimento optimal do ser humano. (Ribeiro, 1985, p.131)

Os conceitos básicos

Campo organismo-meio

Segundo Tellegen (1984, p. 43), em toda a obra de Perls nota-se a preocupação de esclarecer as relações indivíduo–sociedade e articular os níveis biológico, psicológico e sociocultural. Mediante os conceitos de *campo*, *contato* e *fronteira-de-contato*, Perls tenta integrar essas dimensões da vida humana.

> O organismo-ambiente humano naturalmente não é apenas físico mas social. Desse modo, em qualquer estudo de ciências do homem, tais como fisiologia humana, psicologia ou psicoterapia, temos de falar de um campo no qual interagem pelo menos fatores socioculturais, animais e físicos. Nossa abordagem [...] é "unitária", no sentido de que tentamos de maneira detalhada levar em consideração todo problema como se dando num campo social-animal-físico. Desse ponto de vista, por exemplo, não se podem considerar fatores históricos e culturais modificando ou complicando condições de uma situação biofísica mais simples, mas como intrínsecos à maneira pela qual todo problema se nos apresenta. (Perls, Hefferline e Goodman, 1997, p. 43)

Assim, para a Gestalt-terapia o homem é um ser em permanente relação com o meio que o cerca e, por isso, toda investigação, seja biológica, psicológica ou sociológica, deve partir dessa interação.

A interação entre indivíduo e meio é denominada "campo organismo/ambiente (*idem, ibidem*, p. 42).

Essa interação é caracterizada pela mutualidade, logo, não é possível referir-se a um ser isolado, mesmo que se trate de impulsos.

Assim, a noção de campo em Gestalt-terapia supera a conhecida dicotomia "interno–externo", "orgânico–ambiental", ao traduzir a interação como realidade primeira da experiência humana.

A origem do conceito de campo tem lugar nos trabalhos gestálticos de Köhler e Köfka (*apud* Perls, 1975), que diferenciaram o meio físico do chamado "meio comportamental", ou seja, a dimensão psicológica do meio, como campo percebido e revestido de significados.

A concepção de campo organismo-meio foi também inspirada na teoria organísmica de Kurt Goldstein (*apud* Perls, 1979 e *apud* Loffredo, 1994), com quem Perls trabalhou, com soldados portadores de lesões cerebrais.

Goldstein, ao estudar as conseqüências dessas lesões no comportamento dos soldados com base na psicologia da Gestalt de Wertheimer, Köhler e Köffka (*apud* Perls, 1975), pôde constatar que o indivíduo como um todo era mobilizado, e não apenas órgãos e partes isoladas.

A partir desses estudos, Goldstein estabelece uma nova concepção do funcionamento do organismo como uma totalidade.

Outro teórico que influenciou Perls na elaboração da noção de campo foi Kurt Lewin (1970), também originário da escola gestáltica. Lewin estudou o campo ou "espaço vital" psicológico e social como um campo de forças, constituído por uma rede de relações entre partes. Preocupou-se em estabelecer como um evento afeta e modifica o todo, utilizando, assim, uma explicação sistêmica.

Tellegen (1984, p. 48) descreve a influência do pensamento de Lewin na obra de Perls:

> Esta forma sistêmica de pensar está na base das formulações de Perls. Com toda força ele privilegia o "como" mais que o "por que", a análise da estrutura da experiência presente mais que a busca das explicações genéticas, embora, como Lewin, não desconsidere o fato de que elementos do passado fazem parte do campo presente.

A noção de campo organismo-meio rompe, portanto, com o pensamento clássico causal-linear, com a busca de explicação dos fenômenos em resposta à questão "por quê?". A Gestalt-terapia privilegia, então, a busca de uma configuração significativa no campo indivíduo-meio.

Auto-regulação organísmica (Homeostase)

O processo pelo qual o organismo interage com seu meio é chamado de auto-regulação organísmica, ou o processo pelo qual o organismo satisfaz suas necessidades na busca de um equilíbrio que é sempre dinâmico (homeostase).

> A dinâmica das transações organismo-meio é descrita como um processo contínuo de surgimento de "figuras" motivacionais que mobilizam o organismo como um todo na sua percepção, orientação e ação. O que surge como figura é aquilo que o organismo necessita em dado momento para satisfazer a necessidade mais premente e, assim, restabelecer seu estado de equilíbrio. (Tellegen, 1984, p. 48)

A vida é caracterizada por um jogo permanente de estabilidade e desequilíbrio. A satisfação de uma necessidade traz estabilidade ao indivíduo, enquanto o surgimento de uma nova necessidade o desequilibra, gera tensão, e o motiva na busca de uma nova satisfação.

> Uma vez que as necessidades são muitas e cada necessidade perturba o equilíbrio, o processo homeostático perdura o tempo todo [...]. Quando o processo homeostático falha em alguma escala, quando o organismo se mantém num estado de desequilíbrio por muito tempo e é incapaz de satisfazer suas necessidades, está doente. Quando falha o processo homeostático o organismo morre. (Perls, 1988, p. 20)

A satisfação no campo organismo-meio é encontrada mediante o processo de formação de *gestalt*.

46

Esse processo se dá pela emergência de uma necessidade que mobiliza o comportamento. Quando surgem diversas necessidades ao mesmo tempo, o indivíduo precisa ser capaz de hierarquizá-las de modo que satisfaça a necessidade dominante (figura), visto que apenas uma necessidade pode ser satisfeita de cada vez. As demais necessidades passam para um segundo plano (fundo), até que possam ser atendidas.

Ao surgir uma necessidade, há uma energização ou mobilização do indivíduo, que se organiza no nível perceptual e motor, na direção de satisfazê-la.

Para tanto, o indivíduo precisa apropriar-se ou aproximar-se de objetos do meio, ou seja, o indivíduo contata o meio para nutrir-se. Outras necessidades, porém, promovem afastamento ou fuga do indivíduo, quando pessoas ou objetos são considerados tóxicos.

> Este contato com o meio e a fuga dele, esta aceitação e rejeição do meio, são as funções mais importantes da personalidade global. São aspectos positivos e negativos dos processos psicológicos pelos quais vivemos. São opostos dialéticos, parte da mesma coisa, a personalidade total. (*idem*, *ibidem*, p. 36)

Quando a necessidade do indivíduo está satisfeita, a *gestalt* retorna ao campo e uma nova *gestalt* surge, dando início a um novo processo.

Quando a *gestalt* não se completa, quando uma necessidade não é satisfeita, a *gestalt* torna-se inacabada e pode voltar ao fundo, porém, pressionando por fechamento, criando assim uma tensão denominada por Perls, Hefferline e Goodman (1977, p. 47) "situação inacabada", que passa a interferir na capacidade de o indivíduo responder a novas situações.

Fronteira-de-contato

O funcionamento do homem em seu meio, ou seja, a experiência, dá-se na chamada "fronteira-de-contato" indivíduo-meio. Segundo Perls, Hefferline e Goodman, a experiência é função dessa fronteira, o órgão de uma relação entre o indivíduo e o meio (*ibidem*, p. 42).

A fronteira-de-contato, em vez de separar o indivíduo de seu ambiente, o contém, protege e delimita; os eventos psicológicos como ações, emoções, pensamentos ocorrem nesse limite, e são a forma de o indivíduo vivenciar esses fatos limítrofes.

Mediante o conceito de fronteira-de-contato, Perls aponta suas divergências com as psicologias dualistas, que estabeleceram a divisão mente–corpo, interior–exterior (*idem*, *ibidem*, p. 32).

> Com esta nova perspectiva, organismo e meio se mantêm numa relação de reciprocidade. Um não é vítima do outro. Seu relacionamento é, realmente, o de opostos dialéticos. Para satisfazer suas necessidades, o organismo tem que achar os suplementos necessários no meio. O sistema de orientação descobre o que é procurado; todos os seres vivos são capazes de sentir quais são os objetos externos que satisfarão suas necessidades.

A fronteira-de-contato é sentida tanto como contato quanto como isolamento, sendo um ponto pulsante de energia em que o indivíduo experiencia o "eu" em relação ao "não-eu". As fronteiras constituem o *Ego*, pois este só pode funcionar e existir quando se encontra com o estranho.

Ao abordar a fronteira-de-contato, E. Polster e M. Polster (1979, p. 101) consideram a existência de um paradoxo que procuramos constantemente resolver: que o senso de união depende de um senso de separação. O contato é a função que sintetiza a necessidade de união e de separação, ocorrendo numa fronteira em que um senso de separação é preservado de forma que a união não ameace submeter a pessoa.

É na fronteira-de-contato que podem ocorrer mudanças e transformação do indivíduo. É também na fronteira que se dão as obstruções, os impedimentos e as confusões eu-outro, que dificultam o processo de crescimento da pessoa e que, portanto, são trabalhados num processo psicoterapêutico que visa, por intermédio do desenvolvimento do auto-suporte do cliente, restabelecer o fluxo de seu crescimento.

Suporte

A experiência ocorre no campo organismo-meio, do qual o indivíduo é parte. Mas o homem em si é uma totalidade composta de partes que se inter-relacionam dinamicamente na busca de auto-regulação que objetiva um equilíbrio dinâmico.

Essas partes referem-se às dimensões orgânicas, emocionais, cognitivas e culturais do indivíduo. Essa inter-relação de partes que compõem a totalidade do homem é denominada suporte, um conceito-chave em Gestalt-terapia.

> (Suporte) [...] inclui fisiologia, postura, coordenação, equilíbrio, sensibilidade, mobilidade, linguagem, hábitos, costumes, habilidades e aprendizagem, experiências vividas e defesas adquiridas ao longo da vida. Este é o suporte, o auto-suporte, essencial para o contato [...]. O foco do trabalho terapêutico em Gestalt é precisamente a articulação das dimensões de suporte e contato. (Tellegen, 1982, pp. 85-6)

Na terapia, o auto-suporte é desenvolvido gradativamente. O terapeuta, portanto, será um facilitador do processo gradual de passagem do apoio em suportes de outros para o reconhecimento e a criação de recursos próprios do indivíduo, para que possa, então, estabelecer contatos plenos.

Contato

Na literatura gestáltica, o termo contato tem três significados diferentes:

(1) um momento/ocorrência específico da experiência [...]; (2) um fluxo de atenção/energia que parte de ou vai em direção a uma pessoa, freqüentemente denominado processo contato-retração [...]; e (3) uma seqüência necessária de eventos psicológicos no processo de formação de gestalt. (Jacobs, 1978, p. 8)

Para Perls, Hefferline e Goodman (1977, p. 44), o contato é:

[...] *awareness* do campo ou resposta motora no campo. Entendamos contatar, *awareness* e resposta motora no sentido mais amplo, incluindo apetite e rejeição, aproximar e evitar, perceber, sentir, manipular, avaliar, comunicar, lutar, etc. – todo tipo de relação viva que se dê na fronteira, na interação entre o organismo e o ambiente. Todo contatar desse tipo é o tema da psicologia.

O indivíduo vive no ambiente pela manutenção de sua diferença, rejeitando os perigos na fronteira, superando obstáculos e selecionando e assimilando o novo. Assim, é por meio da assimilação da novidade, da mudança e do crescimento que um indivíduo persiste.

O contato é a *awareness* da novidade assimilável e o comportamento com relação a esta; e rejeição da novidade inassimilável. O que é difuso, sempre o mesmo, ou indiferente, não é um objeto de contato. (*idem, ibidem*, p. 44)

Os autores consideram ainda o contato ajustamento criativo do indivíduo e do ambiente, sendo o crescimento a função da fronteira-de-contato.

Contato é, portanto, o processo de formação de uma figura contra um contexto (fundo) no campo organismo-meio. O indivíduo precisa aproximar-se ou retrair-se na fronteira-de-contato a fim de satisfazer sua necessidade.

> Contato é o reconhecimento do outro, o lidar com o outro, o que é não-eu, o diferente, o novo e o estranho. Numa situação de contato, estamos inevitavelmente assujeitados à possibilidade da novidade e do imprevisto. O organismo subsiste em relação com o meio, mantendo sua diferença, sua alteridade e, principalmente, assimilando o meio a seu ser diferente [...]. Todo contato é, então, um processo dinâmico e criativo [...] deve ser entendido não como um estado, mas como uma ação: o contato é feito na fronteira eu-outro. (Loffredo, 1994, p. 83)

O contato ocorre pelas chamadas "funções de contato", ou seja, a visão, a audição, o olfato, a gustação, o toque, a fala e o movimento (Polster e Polster, 1979).

É mediante essas funções que podemos estabelecer contato de boa qualidade, organizar boas fugas, ou interromper e obstruir o contato.

Assim o processo de contato dá-se da seguinte forma:

> [...] Sobre um fundo dado – pessoal, interpessoal, ambiental – se destaca algo de interesse, uma figura que se delineia, exerce atração ou exige atenção, mobiliza a energia levando a ação até se completar no contato, desfazendo-se como figura para que uma nova possa aparecer [...] a figura não é perceptual mas motivacional, i.e, tem a ver com uma necessidade ou desejo. (Tellegen, 1982, p. 88)

Mas o surgimento da figura e o fechamento da *gestalt* é um processo complexo, pois em cada fase do ciclo podem surgir obstruções, interrupções ou impedimentos, descritos adiante como "distúrbios de fronteira-de-contato".

Tellegen descreve esse processo:

> Toda figura surge de um fundo. Por fundo entendemos a situação ambiental, vivencial e existencial da pessoa, incluindo toda a sua experiência passada, seus projetos para o futuro, situações recentes ou remotas não resolvidas (inacabadas). Recuperar a relação figura/fundo, ou o sentido, implica a investigação de toda a complexidade destas redes de conexões. Em Gestalt-terapia procuramos sempre partir do mais óbvio e imediato que é a *experiência* presente de contato e suporte na relação terapêutica que, em sempre novos ciclos experienciais, remete a outras e outras e outras, que vão explicitando elos ocultos e significados desconhecidos. (*idem, ibidem*, p. 90)

Por fim, o contato é um dos processos fundamentais (além da formação de *gestalt* e da *awareness*) que serve ao processo de auto-regulação organísmica, ou ao ajustamento criativo.

Ajustamento criativo

A importância desse conceito na Gestalt-terapia pode ser observada na própria definição da Psicologia de Perls, Hefferline e Goodman (1977, p. 45):

> [...] psicologia é o estudo dos ajustamentos criativos. Seu tema é a transição sempre renovada entre a novidade e a rotina que resulta em assimilação e crescimento [...] a psicologia anormal é o estudo da interrupção, inibição e de outros acidentes no decorrer do ajustamento criativo.

Tendo em vista que o contato é sempre criativo, já que apenas o novo é objeto de contato, é importante ressaltar que no processo de auto-regulação organísmica o novo não pode ser aceito passivamente, pois deve ser assimilado.

Assim, é necessário haver ajustamento e criatividade, que são polares, para que haja assimilação do nutritivo de modo que gere crescimento.

O simples ajustamento isento de criatividade levaria também a uma simples acomodação aos padrões e às exigências do meio, assim como a criatividade destituída de ajustamento poderia levar o indivíduo a um anarquismo desprovido de funcionalidade.

Yontef (1987, p. 14) correlaciona o engajamento no processo de ajustamento criativo, como característica do processo de maturidade. Define o ajustamento criativo como o relacionamento entre o indivíduo e seu meio no qual há responsabilidade da pessoa em reconhecer e conduzir de modo bem-sucedido sua própria vida. Além disso, é capaz de criar condições vantajosas para o seu bem-estar.

Ciornai (1995, p. 2) estabelece correlações entre os processos de ajustamento criativo e a concepção gestáltica de funcionamento saudável e não-saudável. Para essa autora, o funcionamento saudável é o funcionamento criativo.

> Funcionamento saudável vai ser então o fluxo contínuo e energetizado de *awareness* e formação perceptual de figura–fundo, onde através de fronteiras permeáveis e flexíveis o indivíduo interage criativamente com seu meio ambiente, desenvolvendo recursos novos para responder às dominâncias que se lhe afigurem e usando suas funções de contato para poder avaliar e apropriadamente estabelecer contatos enriquecedores e interrompê-los quando tóxicos e intoleráveis. Saúde seria a prevalência deste tipo de funcionamento. (*idem, ibidem*, p. 4)

Ciornai enfatiza, ainda, que os processos de ajustamento criativo nem sempre levam a processos de crescimento saudáveis.

O indivíduo em razão de pressões desenvolve defesas que limitam sua existência. Estas, porém, devem ser consideradas a melhor forma criada pela pessoa na situação vivenciada. A perpetuação das defesas, quando o indivíduo possui outros recursos, ou é capaz de criá-los, cria limitações na vida da pessoa.

> Assim o funcionamento não-saudável é caracterizado por interrupções, inibições e obstruções destes processos [descritos acima], com a conseqüente formação de figuras fracas, desvitalizadas, mal definidas, nebulosas [...] confusas à percepção, que ao não se completarem vão dificultando progressivamente as possibilidades de contatos criativos, vitalizados e vitalizantes com o presente. (*idem, ibidem*, p. 4)

Loffredo (1994, p. 85) considera que a qualidade do contato, visto em relação ao processo de ajustamento criativo, é um critério para a saúde ou patologia.

> Este significa auto-regulação, abertura ao novo, contato vivo e vitalizante. A idéia de "ajustamento criativo" se refere à formação de novas configurações pessoais, com a entrada de novos elementos a partir da experiência do contato. Ou seja, trata da reestruturação inevitável que a entrada de qualquer elemento novo provoca na antiga estrutura. É o processo no qual se parte de estruturas relacionais, que já não são funcionais, no sentido de superá-las.

A referida autora afirma ainda que a possibilidade da psicoterapia pode surgir quando há dificuldades no processo de ajustamento criativo da pessoa com seu meio, assim como quando sua auto-regulação organísmica acha-se prejudicada.

Self e suas funções: ego, id e personalidade

E. Polster e M. Polster (1979) denominam "fronteiras-do-eu" as funções do *ego* no processo de contato. Consideram-nas a gama de contatos permissíveis para o indivíduo. Algumas dessas fronteiras modificam-se ao longo da vida, enquanto outras permanecem mais rígidas, delineando as referências do crescimento do *self*.

Self é o "[...] sistema de contatos em qualquer momento [...] é o sistema de respostas [...] é a fronteira-de-contato em funcionamento; sua atividade é formar figuras e fundos" (Perls, Hefferline e Goodman, 1977, p. 49).

Tais autores (*ibidem*, p. 49) consideram ainda que o *self* é o integrador da experiência, é a unidade sintética, o sistema de ajustamentos criativos.

> [Está] [...] na fronteira do organismo, mas a própria fronteira não está isolada do ambiente; entra em contato com este; e pertence a ambos, ao ambiente e ao organismo [...]. Não se deve pensar o *self* como uma instituição fixada; ele existe onde quer que haja de fato uma interação de fronteira e sempre que esta existir. (*ibidem*, p. 179)

E, ainda,

> [...] o *self* não tem uma consciência de si próprio abstratamente, mas como estando em contato com alguma coisa. Seu "Eu" é polar com relação a um "Tu" e a um "Isso". O Isso é a sensação dos materiais, dos anseios e do fundo; o Tu é o caráter direcionado do interesse; o "Eu" é tomar as providências e fazer as identificações e as alienações progressivas. (*ibidem*, p. 183)

Perls, Hefferline e Goodman descrevem também as funções *Id*, *Ego* e Personalidade como funções do *self*.

A função *Id* relaciona-se às necessidades vitais e às pulsões, funcionando nos atos automáticos, ou seja, a partir da tradução corporal das necessidades, como respirar, caminhar ou fazer algo pensando em outra coisa.

A função *Ego* já se traduz como uma função ativa, nas escolhas ou na responsabilidade para contatar ou rejeitar aspectos do meio a partir da *awareness* das necessidades e dos desejos. As perturbações da função *Ego* se configuram com os chamados mecanismos de evitação, descritos adiante.

Para Perls, Hefferline e Goodman, o *Ego* é o sistema de alienações e identificações (1977, p. 49). A função Personalidade relaciona-se à auto-imagem do indivíduo, ou seja, à representação que faz de si mesmo.

Como aspectos do *self* num ato simples e espontâneo, o Id, o Ego e a Personalidade são as etapas principais de ajustamento criativo: o Id é o fundo determinado que se dissolve em suas possibilidades, incluindo as excitações orgânicas, e as situações passadas inacabadas que se tornam conscientes, o ambiente percebido de maneira vaga e os sentimentos incipientes que conectam o organismo e o ambiente. O Ego é a identificação progressiva com as possibilidades e a alienação destas, a limitação e a intensificação do contato em andamento, incluindo o comportamento motor, a agressão, a orientação e a manipulação. A Personalidade é a figura criada na qual o *self* se transforma e assimila ao organismo, unindo-a com os resultados de um crescimento anterior. (Perls, Hefferline e Goodman, 1977, p. 184)

Distúrbios de fronteira-de-contato

Perls (1988) considera o indivíduo neurótico quando se torna incapaz de modificar suas técnicas de interação, atuando de forma cristalizada e obsoleta, o que dificulta a interação de forma saudável consigo próprio e com o mundo. As necessidades, muitas vezes, não são sequer percebidas, já que o indivíduo não se distingue do meio, misturando-se, ou ainda, isolando-se dele.

A incapacidade do indivíduo de encontrar e manter um equilíbrio entre ele e o restante do mundo opera segundo mecanismos neuróticos, que recebem diferentes denominações em Gestalt-terapia.

Baffile (1997, p. 19) cita os diversos termos utilizados e encontrados na literatura gestáltica: "perdas da função do ego", "resistências", "mecanismo de defesa", "distúrbios de limites" e "distúrbios de fronteira".

S. Ginger e A. Ginger (1995) apontam ainda as denominações: "mecanismos neuróticos ou perturbações neuróticas na fronteira-de-contato", "defesas do eu", "resistências-adaptação", "distúrbios do *self* ou interferências na *awareness*", "interrupções no ciclo do contato" e "mecanismos neuróticos de evitação" (*ibidem*, p. 132).

Para Perls (1988, pp. 45-6), os distúrbios de limites

> [...] são importunos, crônicos, interferências diárias no processo de crescimento e autoconhecimento, através do qual encontramos sustento e maturidade. Qualquer que seja a forma que essas interferências e interrupções do crescimento possam tomar, resultam no desenvolvimento de contínua confusão entre o si-mesmo e o outro.

E ainda,

> Situamos as neuroses como uma perda das funções de ego. Na etapa de ego do ajustamento criativo, o *self* identifica partes do campo como sendo suas e aliena outras como não suas. Percebe a si mesmo como um processo ativo, uma deliberação de determinadas carências, interesses e faculdades que têm uma fronteira definida mas que se desloca... (Perls, Hefferline e Goodman, 1977, p. 248)

Para esses autores, a interrupção presente (a perda das funções de *ego*) pode ocorrer:

1. Antes da nova excitação primária. Confluência;
2. Durante a excitação. Introjeção;
3. Confrontando o ambiente. Projeção;
4. Durante o conflito e o processo de destruição. Retroflexão;
5. No contato final. Egotismo. (*idem, ibidem*, p. 252)

Outros autores consideram a "deflexão" (Polster e Polster, 1979) e a "proflexão" (Crocker, 1981) como distúrbios da fronteira-de-contato, derivados dos anteriores. Esses sete mecanismos serão agora descritos, levando-se em consideração que eles dificilmente atuam de forma isolada no indivíduo, mesmo que algum se sobressaia em determinada situação ou momento.

No processo terapêutico o que se procura é transformar esses mecanismos em estilos de contato, ou seja, adaptáveis às experiências em curso na vida do indivíduo, além de ampliar a *awareness* deste em relação à sua forma de contatar e evitar.

Para tanto, o terapeuta, em vez de combater sua utilização, ajudará o cliente a tornar-se *aware* do mecanismo e a redirecionar a energia nele investida para interagir de modo funcional e de forma saudável consigo próprio e com o mundo.

Abordarei, a seguir, os estilos de contato enfatizando, porém, seus aspectos disfuncionais. Faz-se importante ressaltar, mais uma vez, que os estilos de contato são formas saudáveis de interação do indivíduo com o mundo e consigo próprio, fundamentais na auto-regulação organísmica e no processo de crescimento em curso.

Confluência

Na confluência, o indivíduo não se distingue do meio, não percebe as diferenças entre si-mesmo e o outro. Tem dificuldade para discriminar a si próprio do outro.

Num relacionamento, quando há confluência, as semelhanças são realçadas, enquanto as diferenças são experimentadas como ameaças, ou nem sequer percebidas. O indivíduo que conflui mistura-se, adere ao outro e, em geral, estabelece relacionamentos de dependência, já que dificilmente experimenta diferenciação e discrimina a própria singularidade.

Introjeção

A introjeção é um mecanismo de evitação do contato, caracterizado pela incorporação não digerida de modos de agir, atitudes, modos de sentir e avaliar, provenientes do meio externo, não integrados à personalidade.

O crescimento dá-se mediante a assimilação de conceitos, valores, moral, fatos, padrões de comportamento provenientes do ambiente, mas que precisam ser integrados a fim de que se tornem partes da personalidade.

A introjeção, entretanto, implica a incorporação de aspectos do meio que se tornam elementos estranhos, já que não passaram por uma discriminação prévia para serem aceitos ou rejeitados.

A introjeção propicia, então, uma invasão do meio sobre o indivíduo, que fica impossibilitado de desenvolver sua personalidade, visto que permanece superenvolvido com os elementos estranhos que incorporou. Assim, sobrecarregado, o indivíduo tem dificuldade de perceber-se e expressar-se.

A desintegração da personalidade é outra conseqüência possível da introjeção, pois, ao incorporar elementos estranhos, o indivíduo corre o risco de deparar com aspectos incompatíveis e empregar uma enorme energia na tentativa de reconciliá-los. Surge, assim, um conflito que imobiliza a personalidade e impede ou dificulta o crescimento da pessoa.

> A introjeção, pois, é o mecanismo neurótico pelo qual incorporamos em nós mesmos normas, atitudes, modos de agir e pensar, que não são verdadeiramente nossos. Na introjeção colocamos a barreira entre nós e o resto do mundo tão dentro de nós mesmos que pouco sobra de nós. (Perls, 1988, p. 48)

Projeção

"A projeção é a tendência a fazer o meio responsável pelo que se origina na própria pessoa [...] deslocamos a barreira entre nós e o resto do mundo exageradamente a nosso favor" (*idem, ibidem*, pp. 49-50).

O indivíduo que projeta desapropria-se de partes de si mesmo, partes estas muitas vezes difíceis ou ofensivas, responsabilizando os outros pelo que na verdade é seu. Torna-se, assim, vítima do meio, já que se coloca passivamente na própria vida.

Segundo Perls (*ibidem*, p. 50), em geral, a projeção advém da auto-alienação produzida pelo sentimento de autodesvalorização decorrente de introjeções. O indivíduo que, por exemplo, introjetou a crença de ter de ser sempre agradável provavelmente projetará no meio sentimentos e impulsos contrários a esse comando.

Retroflexão

O quarto mecanismo descrito por Perls refere-se à retroflexão, ou "[...] voltar-se rispidamente contra. O retroflexor sabe como traçar uma linha divisória entre ele e o mundo, e a esboça nítida, clara e justamente no meio – mas no meio de si próprio" (*idem, ibidem*, pp. 53-4).

O retroflexor faz a si próprio o que gostaria de fazer a outrem, dirigindo sua atividade para dentro, cindindo sua personalidade, que se torna agente e paciente de uma mesma ação.

Na retroflexão o indivíduo evita a frustração ao não envolver-se plenamente na situação, mantendo autocontrole, voltando-se contra si próprio. O retroflexor faz afirmações baseadas na concepção de que ele e ele mesmo são pessoas diferentes, por exemplo: "sinto raiva de mim mesmo".

Egotismo

[...] o egotismo é um tipo de confluência com a *awareness* deliberada, é uma tentativa de aniquilação do incontrolável e do surpreendente. O mecanismo de evitar a frustração é a fixação, a abstração do comportamento controlado a partir do processo em andamento. [...] [o indivíduo] [...] evita as surpresas do ambiente (medo da competição) tentando isolar-se como sendo a única realidade: isto ele faz "assumindo o comando" do ambiente e o tornando seu. (Perls, Hefferline e Goodman, 1977, p. 257)

Mediante esse mecanismo o indivíduo interrompe o processo de renunciar ao controle, não cedendo ao comportamento que o levaria ao crescimento. Ele controla a espontaneidade, satisfaz sua vaidade, por meio de um excessivo interesse por si mesmo, que o protege da confusão e do sentimento de ser abandonado.

Para a Gestalt, a terapia pode ser considerada terminada quando "[...] o egotismo se dissolve e o cliente não mais se compraz numa atitude de independência excessiva em relação ao terapeuta e seus próximos" (Ginger e Ginger, 1994, p. 141).

Proflexão

Esse mecanismo descrito por Croker (1981) é caracterizado por um fluxo de energia dirigido ao meio, com o objetivo de que o outro reaja de maneira desejada e esperada. É fazer aos outros o que gostaríamos que o outro nos fizesse.

O proflexor costuma assumir uma atitude servil em relação ao outro na tentativa de manipulá-lo.

O chamado proflexor ativo realiza uma pesquisa apurada das necessidades e dos desejos da outra pessoa, procura realizá-los esperando, porém, que ela lhe faça o mesmo. Já a proflexão passiva é caracterizada por uma submissão freqüente, na tentativa de corresponder às expectativas do outro, para que sua dedicação seja apreciada e reconhecida.

Tal mecanismo envolve, então, expectativas não explícitas e desejos não expressos na relação. O indivíduo assume o papel de servidor incansável, mas busca sempre resultados, sentindo-se injustiçado, explorado e ressentido se o outro não corresponde às suas expectativas.

Deflexão

E. Polster e M. Polster (1979) descrevem o distúrbio de contato denominado deflexão, ou o desvio da energia, para evitar envolvimento, intimidade, plenitude no contato. A pessoa não adere às situações, realizando manobras para evitar o envolvimento, por exemplo, utilizando abstrações, discursos prolixos, humor, esquivando-se do contato visual e físico.

O deflexor tem dificuldade para focalizar e concentrar-se na própria experiência, desviando-se com freqüência.

Polaridades

Na literatura gestáltica contemporânea, o tema das polaridades pode ser encontrado principalmente nos trabalhos de Zinker (1977, p. 195), para quem o indivíduo é um conglomerado de forças polares que se inter-relacionam, mas não necessariamente no centro. As polaridades de determinada característica podem ser múltiplas, por exemplo, a suavidade pode ser a polaridade da dureza, mas também da crueldade, ou mesmo da indiferença.

As polaridades podem ser, segundo Zinker, *ego*-sintônicas (com as quais a pessoa se identifica) ou *ego*-alienadas, ou seja, inaceitáveis para o *self.*

Uma das características do funcionamento saudável é a capacidade de o indivíduo reconhecer e integrar suas polaridades.

> Teoricamente, a pessoa saudável é um círculo completo, possuindo milhares de polaridades integradas e inter-relacionadas [...] é *aware* da maioria das polaridades incluindo aqueles sentimentos e pensamentos não permissíveis para a sociedade, e é capaz de aceitar-se dessa forma. (Zinker, 1977, p. 200)

A pessoa saudável possui certamente alguns pontos cegos em sua *awareness*, mas pode reconhecer, em algum momento, uma polaridade até então alienada e, mesmo não a aprovando, incorporá-la ao seu autoconceito.

No funcionamento não-saudável, há rigidez e estereotipia do indivíduo em relação a seu autoconceito. Este tem dificuldade de aceitar partes de si mesmo, por exemplo, sua agressividade, tendendo a projetar essas partes em outros. Tornar-se, portanto, *aware* de características inaceitáveis torna o indivíduo ansioso, ameaça seu autoconceito rígido, podendo resultar no aparecimento de sintomas neuróticos.

As polaridades alienadas podem acarretar a exacerbação de sua polaridade. Um indivíduo que aliena sua feminilidade, por exemplo, pode apresentar sua masculinidade de forma acentuada e, inclusive, perversa.

Para Zinker, o tema das polaridades é um importante caminho para a compreensão dos conflitos:

> Os conflitos podem ser saudáveis e criativos ou podem ser confluentes e não produtivos. Estes últimos ocorrem quando eu não compreendo a mim mesmo e acuso você de algo de que eu sou culpado, e envolve duas formas de defesa – repressão e projeção. O conflito saudável ocorre quando cada um de nós é uma pessoa integrada com alguma *awareness* de si mesmo e um claro senso de diferenciação. (1977, pp. 195-6)

Assim, a terapia gestáltica busca promover a *awareness* e o contato do indivíduo acerca de seus aspectos desintegrados, favorecendo o trânsito entre polaridades e a integração da personalidade, o que fortalece o auto-suporte e a capacidade da pessoa para responsabilizar-se por seus próprios sentimentos, pensamentos e suas atitudes.

Beisser (1980, p. 110) aponta essa capacidade de o indivíduo aceitar-se como é como possibilidade de mudança. O autor considera que há na obra de Perls uma teoria da mudança subentendida. E a expressa da seguinte forma, denominando-a de Teoria Paradoxal da Mudança: "[...] a mudança ocorre quando uma pessoa se torna o que é, não quando tenta converter-se no que não é" (*idem, ibidem*, p. 110).

Assim, é possível observar que o tema das polaridades está intimamente relacionado com a teoria da mudança em Gestalt-terapia.

Nessa abordagem, o terapeuta rejeita o papel de transformador deixando de identificar-se com as facções ou polaridades projetadas do indivíduo em conflito, auxiliando-o a tornar-se *aware* daquele, identificando-se com suas diferentes partes, para assim poder integrá-las, abrindo-se para o fluxo contínuo da vida, ou seja, a mudança e o movimento. Para Beisser, portanto, a meta da terapia é capacitar a pessoa para mudar com o tempo, retendo, todavia, alguma estabilidade individual.

Awareness

Outro conceito básico da abordagem gestáltica é o conceito de *awareness*, ou, numa tradução aproximada, "presentificação", "tornar-se presente", "concentração", "conscientização", já que a palavra apresenta dificuldades de tradução para o português.

Tellegen (1986, p. 5) propõe como tradução aproximada o termo "fluxo associativo focalizado", que considera o caráter processual e dinâmico (fluxo), além do contato com a figura (focalizado) e o desenvolvimento de novas relações de significado (associativo).

Para Yontef (1987, p. 1), a *awareness* refere-se não só à consciência cognitiva, mas a um fluxo de conscientização do principal evento do campo indivíduo-meio com suporte sensório-motor-emocional-cognitivo-energético. Com base em tal definição, o autor aponta três corolários básicos:

1. *Awareness* só é eficiente quando fundamentada e energetizada pela necessidade predominante presente no organismo.
2. *Awareness* não é completa sem o conhecimento direto da realidade da situação e como se está nela.
3. *Awareness* é sempre aqui e agora. É sempre mutante, desdobrando-se e transcendendo-se. (*idem*, *ibidem*, pp. 3-4)

Para a Gestalt-terapia, portanto, o processo de auto-regulação organísmica depende, além da agressão,[3] da *awareness* do indivíduo, ou seja, de sua capacidade de discriminar e, conseqüentemente, assimilar o que é nutritivo e rejeitar o que é tóxico, o que resulta em crescimento segundo processos de ajustamento criativo.

É a *awareness* e a hierarquia de necessidades que possibilitam ao indivíduo perceber e responder à sua necessidade predominante no momento presente, ou seja, fechar uma *gestalt*, para que novas se abram, isto é, para que novas necessidades possam ser reconhecidas e satisfeitas e o processo homeostático flua dinamicamente.

Além disso, a *awareness* é um processo que se modifica continuamente, pois é sempre presente, logo, fluida e dinâmica; torna possível saber "o quê" e "como" se faz algo, além de favorecer um contato de boa qualidade e, portanto, a capacidade de diferenciação eu-não eu.

Awareness pode ser considerada, portanto, uma forma de experienciar, aliada à compreensão do "como" desse experienciar. Isso significa ser necessário ocupar-se do óbvio, do dado, e descrever a situação tal qual se oferece a cada momento. Essa estratégia visa permitir que os significados inerentes a esse vivido aqui-e-agora emerjam a partir de sua focalização, que se espera possa promover associações não esperadas com outros conteúdos. Os significados emergem a partir des-

---

3. "[...] em Gestalt-terapia a agressão é uma força, energia de vida, sem conotação moral positiva ou negativa" (Yontef, 1987, p. 2).

ses significantes, tomando esse termo num sentido amplo, desde que pode incluir um significante corporal, como um gesto ou postura. (Loffredo, 1994, p. 129)

No processo terapêutico por meio da *awareness*, o cliente pode perceber como impede, dificulta ou bloqueia sua comunicação e expressão; pode dar-se conta de relações e significações até então desconhecidas, e fechar *gestalten* inacabadas, até então manifestadas de forma distorcida como mediante sintomas. A *awareness* possibilita a plenitude da experiência presente, tornando possível a revelação de situações inacabadas do passado, que podem se tornar recordação e, assim, deixar de interferir na vivência do presente.

Perls, Hefferline e Goodman (1997) enfatizam a *awareness* como objetivo da Gestalt-terapia; é importante identificar os fatores presentes nesse processo, assim como a que se devem as interrupções das faculdades que atuam quando a *awareness* deixa de fluir adequadamente. A *awareness* é caracterizada pelo contato, pela sensação, excitação e formação de *gestalt*. Para que haja *awareness*, deve haver contato, embora este possa ocorrer sem *awareness*; por isso, é importante identificar com o que a pessoa faz contato.

A sensação define o tipo de *awareness* que está ocorrendo: ela pode ser mais distante, é o caso da *awareness* de natureza acústica; mais próxima, por exemplo, a *awareness* tátil; dentro da pele, *awareness* proprioceptiva que inclui, também, a percepção de sonhos e pensamentos. (Loffredo, 1994, p. 130)

A *awareness* reduzida dificulta o processo de formação de *gestalt* e, portanto, o crescimento, já que o indivíduo fica impedido de hierarquizar e satisfazer suas necessidades, acumulando, assim, situações inacabadas diversas, que sobrecarregam o "fundo" e favoreçem "figuras" fixas ou mal delineadas, o que caracteriza um funcionamento não saudável.

Ao contrário, a *awareness* que flui possibilita que o indivíduo tome posse de seu processo de existir e de como este se dá a cada momento. Assim, é possível identificar e responder sensorial, perceptual, afetiva, emocional e cognitivamente ao que é predominante no campo organismo-meio do qual é parte. Seu processo de vida é fluido, dinâmico e pleno de sentido.

A partir da exposição do conceito de *awareness*, é possível observar sua importância como um dos fundamentos da Gestalt-terapia, e como base de sua concepção metodológica.

A concepção metodológica da gestalt-terapia: o método da awareness

Segundo Loffredo, para operacionalização do método da *awareness*

> [...] é necessário que se defina um *contexto* específico, que no caso da Gestalt-terapia é a situação experimental fornecida pela situação terapêutica. Esta é concebida como um contexto experimental, desde que o significado da palavra experimento, derivada de *experiri*, é "tentar" [...]. De modo mais específico, é experimental no sentido de que, a cada momento, a direção sugerida é *tente e veja o que acontece*. Daí se definir que o papel do terapeuta é como o de um *catalisador* dos processos em curso. [É] [...] no exercício da *awareness*, que o caráter experiencial e experimental da Gestalt-terapia se atualiza. (1994, p. 131)

Yontef (1998, p. 234) enfatiza que a *awareness* é um dos princípios que definem a Gestalt-terapia: "A Gestalt-terapia é fenomenológica; seu objetivo é apenas *awareness* e sua metodologia é a metodologia da *awareness*".

Os outros dois princípios referem-se ao existencialismo dialógico que fundamenta a concepção de relação terapêutica e ao holismo e à teoria de campo nos quais se baseiam seus fundamentos conceituais.

Awareness é, portanto, método e objetivo da Gestalt-terapia. Loffredo (1994, p. 133) considera que "ater-se ao óbvio, observar e descrever minuciosamente e exercitar e atingir a habilidade de *awareness*, aliados à sua proposta existencial, são os fundamentos da Gestalt-terapia".

Após a exposição mais ampla da metodologia da *awareness*, procurarei a seguir apresentá-la de forma específica e operacional, dada a importância desse tema na realização da presente pesquisa.

Operacionalização da metodologia da awareness

Em seu primeiro livro *Ego, fome e agressão* (1942), Perls (1975) menciona que a técnica de conscientização focalizada tem por objetivo o resgate por parte do indivíduo do sentido de si próprio, apontando para a dificuldade dessa conquista, já que é difícil o tratamento de hábitos condicionados equivocadamente.

O autor refere-se a essa metodologia como um alfabeto (técnico) fundamentado na concepção de que o sucesso depende da concentração. Perls, portanto, concebe o processo terapêutico como processo de aprendizagem e reaprendizagem, visto que valoriza o desenvolvimento das potencialidades da pessoa.

O termo *awareness* aparece pela primeira vez na obra *Gestalt Therapy* (1951). Nessa obra, os autores mencionam a técnica da *awareness* como uma variante da *yoga* (que amplia a *awareness* do corpo e do *self*), mas com diferenças, uma vez que essa técnica pretende uma integração do indivíduo, superando a dicotomia mundo externo/mundo interno. É importante reafirmar que não há *awareness* sem contato, a realidade primordial.

A concentração subjacente à técnica da *awareness* difere da introspecção (movimento deliberado da atenção para o que a pessoa faz, pensa etc.) e do senso comum a respeito do que seja concentração, como esforço deliberado.

Ao contrário, a *awareness* implica sensação e percepção espontânea, sem esforço, com destaque de figuras que emergem a partir de necessidades prioritárias do indivíduo, num processo contínuo de formação figura–fundo.

O que sinaliza a ocorrência de atenção espontânea e concentração é a formação contínua de figura–fundo. Nesse contexto, a conceituação de excitação é fundamental, desde que pode ser entendida como uma espécie de "motor", que garantiria genuinidade ao processo de concentração saudável. (Loffredo, 1994, p. 137)

Perls (1988) considera nossas emoções a força que energiza as ações, que se transformam em ações sensoriais e motoras, para que haja a satisfação das necessidades.

Quando a atenção e a excitação ocorrem conjuntamente, é possível ao indivíduo concentrar-se em vez de evitar ou interromper seus processos em curso, como acontece no funcionamento neurótico.

A neurose em Gestalt-terapia é uma conseqüência da falta de concentração, que leva o indivíduo a incorporar, sem a necessária destruição e assimilação de elementos estranhos. Exercícios de concentração foram então concebidos como alternativas para corrigir essas disfunções na assimilação.

Perls considera a percepção uma atividade, logo, o método da concentração possui um caráter ativo e envolve diretamente os órgãos dos sentidos. Ele implica também o sentido de atualidade, ou a concepção de que tudo ocorre no presente, e desse sentido depende a auto-realização do indivíduo.

Em *Gestalt Therapy* (1951), Perls, Hefferline e Goodman (1977) propõem, em sua primeira parte (Mobilizando o self), exercícios que pretendem atingir os sistemas sensorial e motor nos quais se apóia a *awareness*.

Apresento a seguir uma síntese das características básicas desses instrumentos, assim como dos propostos por autores contemporâneos da Gestalt-terapia. A apresentação dessa síntese faz-se importante à medida que demonstram a operacionalização da metodologia da Gestalt-terapia.

As técnicas da abordagem gestáltica: experimentos e exercícios

É fundamental enfatizar que a técnica em Gestalt-terapia não é um fim em si mesma, nem deve ser utilizada para persuadir, convencer ou treinar a pessoa, mas, ao contrário, facilitar a conscientização (inclusive de evitação) e a livre expressão da pessoa, favorecendo, assim, a desobstrução e o fluxo de seu processo de crescimento.

A palavra técnica vem do grego *techno*, *téchné*, referindo-se ao conjunto de processos de uma arte, profissão, um ofício ou uma ciência, e ao modo ou habilidade em executá-lo.

Em Gestalt-terapia, o uso adequado da técnica dá-se levando-se em consideração o campo, a relação terapeuta–cliente, o suporte deste para entrar em contato com aspectos alienados e difíceis de sua personalidade, a sua disponibilidade e possibilidade para o diálogo, enfim, deve ser usada sempre a serviço do cliente, a fim de favorecer os seus processos em curso.

Ao contrário, a má utilização da técnica pode interromper o cliente, introduzir elementos estranhos ao contexto, dificultar o fluxo da *awareness*, desviando o cliente de seu próprio movimento.

Zlotnic (1991, pp. 51-2) enfatiza a importância e o caráter da utilização das técnicas em Gestalt-terapia:

[...] quando eu faço uma boa utilização de um recurso técnico em psicoterapia, não me parece que eu esteja usando técnica nenhuma. Nem o cliente se sente [...] alvo da minha técnica. O resultado é sempre uma conversa.

É preciso, portanto, para fazer um bom uso da técnica, que o terapeuta seja capaz de colocar-se dialogicamente disponível na relação, respeitando os princípios que regem sua utilização.

Loffredo (1994, 142-52) realiza um trabalho de identificação dos pontos básicos subjacentes aos recursos técnicos (experimentos) propostos por Perls, Hefferline e Goodman (1977). Segundo a autora, os exercícios de *mobilização do self* seguem uma seqüência iniciando-se por aqueles que visam a um aumento do contato do indivíduo com o meio. Eles objetivam aprimorar a orientação dos receptores do organismo, fortalecendo a *awareness* de *onde* o indivíduo está e possibilitando a percepção de que ele e o meio se influenciam mutuamente.

Nos experimentos voltados à emoção o objetivo é oferecer condições para que o indivíduo observe a *gestalt* que se forma, quando abandona a dicotomia mundo externo/interno, podendo perceber-se no campo. As funções de contato organizam a nossa percepção e as emoções regulam a energia no campo, permitem a *awareness* dos interesses do indivíduo, e do que ele e o mundo são.

Já nos experimentos voltados à verbalização, é importante observar quando e como as palavras são usadas para evitar o contato (discurso neurótico), e ficam dissociadas do restante da personalidade.

Os experimentos podem ser facilitadores do discurso expressivo (envolvendo uma descarga emocional e promovendo mudança no indivíduo) e descritivo (voltado para o presente, atual), o que favorece o *continuum* de presentificação.

Nos experimentos de *awareness* integrada, é importante favorecer a mudança de área no campo indivíduo-meio, para facilitar a integração da personalidade.

A *awareness* dirigida propicia a identificação de pontos-cegos, bloqueios, manipulações, sendo que a atenção deve incidir prioritariamente no sistema motor.

Perls, Hefferline e Goodman (1977) apresentaram, também, exercícios de *manipulação do self*, dirigidos ao funcionamento não saudável, tratando das introjeções, projeções e retroflexões.

A literatura contemporânea acerca dos instrumentos terapêuticos em Gestalt-terapia é encontrada principalmente nos trabalhos de Naranjo (1989), Polster e Polster (1979), Stevens (1977), Zinker (1977), assim como nos trabalhos de autores nacionais, como Juliano (1997) e Tellegen (1984).

Para Zinker (1977, p. 123), o experimento é:

> [...] a pedra fundamental da aprendizagem experiencial [...] podem envolver todas as esferas do funcionamento humano; entretanto, a maioria dos experimentos tem uma qualidade comum – eles convidam o cliente para expressar algo comportamentalmente, ao invés de meramente conhecê-la internamente.

O experimento é um instrumento, uma ferramenta do terapeuta, que se torna um guia para levar a pessoa a experienciar, ampliando sua *awareness* e a compreensão de si mesma.

> A realização do experimento é uma dança complexa, uma jornada cooperativa. O terapeuta é freqüentemente o guia, freqüentemente pontuando visões importantes. O processo pelo qual um experimento é desenvolvido, é difícil de descrever. Como em qualquer outra criação, é tentador dizer "ele apenas aconteceu" [...]. (*idem, ibidem*, p. 128)

Zinker (1977, pp.129-55) enfatiza aspectos que devem ser observados na realização do experimento. Esta deve ter uma base, ou seja, o terapeuta deve compreender o momento do cliente com base na relação e no aquecimento.

Além disso, é preciso ter a anuência do cliente, levando-se em consideração o respeito para com seus limites e o suporte que possui para realizar o experimento.

Observar a gradação é levar em conta as possibilidades do cliente para realizar a experiência, possibilidades essas que poderão ser ampliadas, pela *awareness*.

Outro aspecto relevante a ser considerado refere-se à localização do ponto do organismo do cliente em que a energia está mais ativada. Esta deve ser entendida como uma carga geral irradiada pela superfície da pessoa.

Ao localizar a energia, o terapeuta pode encontrar o enfoque, ou seja, o "fato psíquico" a ser seguido por meio da claridade, direção e potência da experiência do cliente.

É importante também que o cliente esteja atento ao que está acontecendo com ele no momento presente, apoiando-se e apropriando-se de suas sensações, percepções, seus pensamentos, suas ações etc.

A partir do auto-apoio do cliente, um tema pode ser desenvolvido; o tema é a figura que emerge de uma diversidade de conteúdos, e deve ser condensado, resumido, nomeado e unificado.

Os temas se entrelaçam e se relacionam criando uma rica tela de experiências, em uma dada situação existencial. Quando o tema está definido, o terapeuta pode, então, escolher o experimento a ser realizado. Este deve partir da relação terapeuta–cliente, e sua escolha abrange várias possibilidades.

A realização do experimento em si pode ser finalizada mediante o *insight* e o fechamento, ou seja, quando há ampliação da *awareness* e/ou a ressignificação das *gestalten* inacabadas.

Zinker enfatiza ainda que o terapeuta deve primar pela elegância do experimento. O experimento (1977, p. 126) tem como objetivos:

1. Expandir o repertório de comportamentos do indivíduo.
2. Criar condições nas quais a pessoa possa ver sua vida como sua própria criação.
3. Estimular a aprendizagem experimental e a elaboração de novos conceitos a partir de criações no seu leque de comportamentos.
4. Complementar situações inacabadas e superar bloqueios dentro do ciclo consciência–excitação–contato.
5. Integrar as compreensões intelectuais com as expressões motoras.
6. Descobrir polaridades das quais não se tem consciência.
7. Estimular a integração de forças pessoais em conflito.
8. Desfazer introjeções e, em geral, sentimentos, idéias e ações e reintegrá-los ao campo da personalidade que lhes corresponde.
9. Estimular aquelas situações em que a pessoa possa sentir e atuar com maior empenho e competência, sustentando-se mais por si mesma e em uma atitude mais exploratória e ativamente responsável consigo mesma.

Para Tellegen (1984, p. 115), a utilização de um experimento dá-se por meio de uma "[...] 'mudança de linguagem expressiva, muitas vezes incluindo a ação corporal'". O objetivo da utilização do experimento é promover o contato e aprofundar um tema emergente e mobilizador. Num trabalho grupal, são inúmeros os recursos e instrumentos expressivos que podem ser utilizados pelo terapeuta, professor ou facilitador:

– Pintura, desenho, colagem, modelagem (linguagem plástica);
– Expressão dramática;
– Música;
– Gestos, movimentos, respiração, relaxamento (trabalho corporal);
– Fantasias, sonhos, imagens;
– Histórias, mitos, poesias, metáforas, textos literários.

Juliano (1997, p. 26) considera experimento:

[...] qualquer coisa que aumente a consciência, e pode ser bem pequeno, como o espelhar de um gesto, o esclarecimento de algo que foi dito, uma simples pergunta ou comentário, [e] [...] a intenção do experimento é sempre a de enfatizar, apontar e sublinhar o que está presente no momento.

Segundo a autora, os experimentos podem, por exemplo, promover um diálogo entre polaridades para facilitar a integração de partes alienadas do psiquismo, a conscientização de determinado tema pela repetição de frases, a focalização de algum aspecto da experiência do cliente, a ampliação de sua percepção, a emergência de novos temas etc.

Além do experimento, outro recurso técnico utilizado em Gestalt-terapia é o exercício. Lima Filho (1993, p. 13) diferencia exercício de experimento:

[Ao contrário do experimento o exercício] [...] não se delineia a partir do discurso do cliente; o psicoterapeuta já tem sua estrutura planejada de antemão.

Alguns cuidados devem ser tomados na utilização de exercícios:

[...] a forma espontânea e lúdica como são apresentados e embora em toda sua variedade representem uma riqueza potencial como fonte de crescimento, estes exercícios em si são tão neutros quanto o papel e o tipo que constituem esse livro. Podem ser divertidos e usados de forma lúdica. Podem ser perigosos, se aplicados de forma descuidada. Podem ser impessoais, se utilizados apenas como técnicas. Podem ser produtivos, se orientados com propriedade. Como um espelho, os resultados refletem de forma nítida a maneira como são utilizados. (Barros, *in* Stevens, 1977, p. 15)

Assim, tanto os exercícios como os experimentos são instrumentos de auto-exploração e expressão.

Naranjo (1989, p. 1), um importante autor contemporâneo da Gestalt-terapia, considera a abordagem, em termos técnicos, "[...] uma síntese de todo o mais".

As técnicas cobrem comportamentos verbais e não-verbais, estruturados e não-estruturados, introspectivos, interpessoais, simbólicos ou não.

O centro unificador dessa síntese, segundo Naranjo, é o tema "atualidade–*awareness*–responsabilidade".

> Para o gestalt-terapeuta, a experiência [...], é terapêutica e corretiva *per se*. Um momento de estar desperto [...] é um momento no qual nossos fantasmas de sonhos que temos acordados podem ser vistos da forma como são. Também é um momento de treinar o experienciar: um momento no qual podemos aprender, por exemplo, de que não há nada a temer ou que a recompensa por estarmos vivos suplanta as dores ou perdas que possamos querer evitar... (*idem*, *ibidem*, p. 2)

O experienciar é desejado pelo processo de sensibilização, desenvolvendo o despertar, a partir dos sentidos. O autor (*idem*, *ibidem*, p. 3) considera que há duas maneiras de favorecer o contato da pessoa com sua experiência:

- Parar de evitar, deixando de encobrir a experiência (supressão).
- Trabalhar sobre o conteúdo da *awareness* mediante atenção intensificada ou exageração deliberada (expressão).

Para tanto, há três tipos de conjunto de técnicas em Gestalt-terapia: as técnicas supressivas, as expressivas e as de integração, que serão agora abordadas de maneira bastante sintética e com fins de exemplificação.

Técnicas supressivas

A técnica supressiva significa parar com qualquer atividade que impeça a pessoa de vivenciar sua experiência no momento presente. Jogos, antecipações, especulações, fantasias constituem, muitas vezes, uma evitação do presente, pois favorecem uma negação ou resistência à experiência e um temor em percebê-la.

A técnica supressiva é uma prescrição para que a pessoa pare de utilizar determinado mecanismo de evitação, para favorecer a *awareness* do próprio mecanismo, assim como do que se passa no aqui-e-agora.

Essa técnica auxilia o terapeuta a detectar os aspectos da experiência do cliente que até então estavam obscurecidos.

Naranjo (1989, p. 5) descreve os principais mecanismos de evitação:

– "Aboutismo"[4]

Explicar, discutir temas filosóficos ou morais, fornecer informações diagnósticas, utilizar clichês (verborréia). É a evitação da experiência por meio do pensamento.

– "Shouldismo"

É o jogo da "autotortura" ou do "auto-aperfeiçoamento". Dizer a si mesmo ou ao outro o que se *deve* ser ou fazer.

---

4. Os termos "aboutismo" e "shouldismo" derivam, respectivamente, das palavras *about* e *should* em inglês, pois se referem ao "falar sobre" e ao "deveria", consideradas formas de evitação em Gestalt-terapia.

Um "deveria" (*should*) "[...] é diferente de uma meta ou um ideal: 'shoulds' constituem a atividade psicológica de estar em pendência com uma realidade que não pode ser outra que aquilo que é" (*idem, ibidem*, p. 12).

A avaliação, segundo o autor, diferencia-se da vivência, pois visa encaixarmo-nos num padrão, oriundo de experiências passadas ou previsto para o futuro.

– Manipulação

É uma evitação da experiência pela ação. A pessoa que evita, em vez de experienciar, fabrica experiências, representando para si mesma e/ou para os outros.

Em síntese, ao utilizar a técnica supressiva em Gestalt-terapia, o terapeuta auxilia o cliente a detectar a utilização dos mecanismos de evitação, a tornar-se *aware* destes, e da experiência propriamente dita no momento presente.

Técnicas expressivas

O realce da *awareness* pode ocorrer por intermédio de nossa expressão. Utilizar técnicas expressivas significa estimular o cliente a ser aquilo que é.

> Expressar-se, isto é, traduzir sentimentos e compreensões em ações, formas, palavras, é realizar-se, no sentido literal de se fazer real. Sem tal realização somos fantasmas e sentimos a frustração de não estarmos inteiramente vivos. (Naranjo, 1989, p. 21)

A expressão pode ser favorecida mediante diversas técnicas, por exemplo, maximizar a expressão, pela minimização da ação não expressiva, convidar o cliente a expressar algo que evita, completar um diálogo interrompido, um sonho não acabado, exagerar determinado gesto ou postura etc.

Esses recursos podem ainda buscar traduzir em palavras uma expressão não verbal, dar uma representação motora a uma idéia, a fim de promover a integração de partes alienadas do psiquismo. Além disso, visam favorecer a diretividade da expressão removendo seus obstáculos.

Técnicas de integração

Outro grupo de técnicas em Gestalt-terapia são as chamadas técnicas de integração, pois têm como objetivo trazer à *awareness* algo que estava dissociado.

Para Naranjo (1989, p. 39), o terapeuta pode utilizar técnicas a fim de integrar vozes internas conflitantes na pessoa; essas técnicas caracterizam-se pelo diálogo entre partes da personalidade por meio de sua representação, o que serve também à assimilação de projeções de partes aliendas do psiquismo.

Tendo, então, apresentado os aspectos principais que compõem o corpo filosófico, teórico, técnico e metodológico da Gestalt-terapia, apresento a seguir uma discussão sobre a questão do conhecimento nas Ciências Humanas, na Psicologia e na Gestalt-terapia.

2

A fenomenologia: uma alternativa ao paradigma racional

> *Aceder à ciência é rejuvenescer espiritualmente, é aceitar uma brusca mutação que contradiz o passado.*
>
> A *formação do espírito científico*
> Gaston Bachelard

A questão do conhecimento e a ciência moderna

Já que o presente trabalho investiga questões relativas ao saber e sua construção, faz-se necessário discutir, ainda que de forma sintética, a questão do conhecimento e seus paradigmas na Ciência, em especial nas Ciências Humanas como a Psicologia, e na Abordagem Gestáltica de Psicoterapia.

Na Ciência Moderna, a construção do conhecimento deu-se por meio do paradigma racional que atualmente enfrenta uma crise por não mais dar conta de explicar a realidade, os fenômenos, principalmente relativos ao sujeito humano.

Tendo como característica a cisão sujeito–objeto, esse paradigma exclui a singularidade humana do processo de apreensão da realidade, e do processo de apreensão dessa mesma singularidade.

O ideal da Ciência tradicional é a busca da verdade, sendo que considera o conhecimento cumulativo, e a realidade como externa ao sujeito, passível de ser descoberta.

Para tanto, o cientista deve adotar uma atitude de neutralidade e, mediante rigor metódico na experimentação, coletar dados objetivos da realidade para sua explicação, seu controle e sua previsão. A linguagem, conseqüentemente, deve ser sistemática, precisa e operacionalizada, e os resultados obtidos passíveis de verificação por intermédio da replicação dos experimentos. A transmissão das aquisições, portanto, deve dar-se pela mesma via: a dos sistemas organizados de representações.

Na investigação científica, a lógica racional é prioridade e exigência, já que permite uma observação "neutra" e garante a confiabilidade e fidedignidade dos resultados obtidos.

O paradigma racional, porém, traz uma série de conseqüências na prática educacional e psicológica, pois o profissional depara com uma realidade da qual as teorias, os conceitos e constructos não dão conta. O homem não se reduz, ajusta ou encerra em teorias, por mais complexas que se apresentem. Cupertino (1996, p. 2) chama a atenção para essa lacuna na Psicologia:

> Todos nós que exercemos a psicologia, estejam nossas atividades ou não ligadas aos potenciais humanos, sabemos da inevitável lacuna que se insinua, muitas vezes, entre teoria e prática. Uma coisa é aquilo que conhecemos, que estudamos, os conceitos com os quais lidamos teoricamente. Outra coisa, por vezes muito diferente, é nossa atuação junto a indivíduos reais, de carne e osso, que não se deixam capturar por nossas teorias.

Referindo-se aos psicólogos, a autora afirma:

> [...] como profissionais, sentimo-nos (felizmente) desapontados com a incapacidade dos discursos teóricos em aplainar nossas particularida-

des, diante das quais outros modos de apreensão se tornam possíveis para dar conta daquilo que se mantém como enigmático. (*idem*, 1995, p. 292)

Ao discutir, portanto, as conseqüências da crise do paradigma racional na psicologia, Cupertino (1996, p. 7) afirma que:

[...] a saída não está no abandono total dos procedimentos e das teorias, em favor do caos e da exclusiva expressão individual, que não é passível de generalização, [mas] [...] devolver os discursos globalizantes à sua devida proporção: o de abstrações que não dizem respeito a ninguém, e sim a um "homem ideal" do qual somos apenas manifestações imperfeitas. Podemos, a partir daí, examinar os fenômenos à luz de seu próprio contexto, respeitando dessa forma sua singularidade.

A autora propõe, assim, a contextualização dos fenômenos para poder compreendê-los.

Observo que, em minha trajetória profissional, a busca de alternativas para o paradigma racional deu-se mediante meu encontro com a atitude e o método fenomenológico que fundamentam a Gestalt-terapia.

No trabalho psicoterapêutico, as teorias como generalizações e sistemas funcionam, então, como ponto de fuga, como horizonte e referência para nortear o trabalho. O psicoterapeuta, entretanto, trabalha com a pessoa justamente onde ela se desvia da norma, ou seja, em sua singularidade, lugar de criatividade no acontecer terapêutico.

A Fenomenologia, abordada anteriormente, representa uma alternativa ao paradigma racional à medida que considera homem e mundo numa constante inter-relação, ou seja, a consciência humana é sempre consciência de algo e o mundo é sempre o mundo para uma consciência; portanto, a Fenomenologia nega tanto a objetividade pura como a subjetividade pura, o que significa que o conhecimento constrói-se na intencionalidade da consciência, que é a experiência primordial, pré-reflexiva, o fenômeno.

A atitude e o método fenomenológico criam o caminho percorrido por mim e meu cliente no contexto terapêutico, bem como por mim e meus alunos no contexto pedagógico. A descrição da experiência, a observação de como ela acontece, dá-se num universo dinâmico e visa à percepção de como se produz o sentido dos fenômenos.

No contexto terapêutico, cliente e terapeuta podem voltar ao fenômeno básico do relacionamento humano, que pode favorecer a retomada do curso de crescimento do cliente ao ajudá-lo a criar condição de existência do mundo ao dar-lhe sentido.

No momento da relação entre cliente e terapeuta, a atitude fenomenológica pressupõe "colocar entre parênteses" os conhecimentos advindos do modelo teórico que orienta o psicoterapeuta, para no momento seguinte compreender a experiência segundo as referências da teoria que o norteia.

O método fenomenológico permite verificar e renovar constantemente o conhecimento, já que concebe o homem como ser em processo, transformando e sendo transformado nas relações que estabelece com seu mundo.

Sendo, portanto, o método fenomenológico um dos pressupostos de meu trabalho, assim como a teoria da Gestalt-terapia, seja no *setting* terapêutico ou na sala de aula, concebo então o conhecimento como algo que se constrói e se renova constantemente na relação terapeuta–cliente, professor–aluno, que se transformam no processo de conhecer.

A construção do conhecimento em Psicologia e na Gestalt-terapia

A construção do conhecimento em Psicologia nos permite compreender o psicólogo e, sobretudo, o psicoterapeuta, como profissional do encontro.

Segundo Figueiredo (1995a, p. 87), o saber psicológico é constituído a partir do conhecimento explícito e tácito. O conhecimento explícito, representacional ou teórico é transmitido de maneira sistematizada e ordenada, como nos livros.

O conhecimento tácito ou pessoal refere-se àquele incorporado às capacidades do indivíduo, sejam de natureza afetiva, motora, cognitiva e verbal; é pré-reflexivo, e "[...] existe num plano de experiência em que sujeito e objeto não se constituíram como entidades relativamente independentes uma da outra [...] o conhecimento tácito deve ser totalmente incorporado e silenciado..." (*ibidem*, pp. 87-8).

E ainda:

> [...] o conhecimento tácito do psicólogo é o seu saber de ofício, no qual as teorias estão impregnadas pela experiência pessoal e as estão impregnando numa mescla indissociável; este saber de ofício é radicalmente pessoal, em grande medida intransferível e dificilmente comunicável. (*idem*, 1993, p. 91)

É o saber de ofício que permite ao psicoterapeuta confrontar-se com a alteridade, ou seja, caracterizar-se essencialmente como profissional do encontro. Essa característica pode ser atribuída especialmente ao gestalt-terapeuta, ao fundamentar seu trabalho na atitude fenomenológica-existencial e conceber, portanto, o conhecimento construído na intersubjetividade ao valorizar, assim, a relação como caminho de aprendizado e crescimento.

Logo, para a Gestalt-terapia só pode haver aprendizado na atualização do conhecimento explícito, ou seja, quando a tradição está impregnada pela experiência singular do aprendiz que também a impregna e transforma. O saber é encarnado e, portanto, atualizado. Torna-se conhecimento tácito.

Sendo assim, como afirma Zlotnic (1991), a Gestalt-terapia é um "sendo", pois seu corpo teórico-técnico está num constante processo de refazer-se, construir-se, uma vez que ao atualizar-se, é também transformado, constituindo, entretanto, um todo coerente.

Voltarei à questão do conhecimento na Gestalt-terapia ao discutir, adiante, os modos de apresentação da abordagem e a encarnação do saber no processo de aprendizagem do gestalt-terapeuta.

3

O gestalt-terapeuta e o confronto com a alteridade

> *Ora, sustentar-se nesse* existir no mundo – *e só assim se existe – exige um espaço de separação e recolhimento, de proteção, que não encerre o existente em uma clausura mas lhe ofereça uma abertura limitada (portas e janelas) a partir da qual sejam possíveis encontros – saídas e entradas – em que se reduzam os riscos dos "maus encontros"[...]. Portas e janelas por onde uma verdadeira alteridade possa insinuar-se e eventualmente impor-se.*
>
> Revisitando as Psicologias
> Luís Cláudio Figueiredo

Outro pressuposto desse estudo refere-se ao trabalho do psicoterapeuta como confronto com a alteridade.

Uma das conseqüências do paradigma racional é que gerou um discurso na Psicologia em busca de uma unidade e de uma identidade para os psicólogos e, por conseguinte, para os psicoterapeutas.

Coelho Júnior (1996, p. 302) critica esse discurso, por não considerar a multiplicidade da Psicologia:

> [...] falar em identidade é ser politicamente incorreto: é ser individualista, essencialista, a favor dos modelos dominantes em determinada sociedade e, portanto, ser contra a diferença e a multiplicidade.

Esse discurso não considera, desse modo, a multiplicidade da Psicologia. Figueiredo (1993, pp. 89-90) aponta as seguintes dimensões da multiplicidade em Psicologia, questionando a possibilidade de definir uma "identidade" do psicólogo:

1. As áreas de atuação do psicólogo: que se renovam e se ampliam a cada dia, e que "[...] geram profissionais com saberes, práticas, destinações, linguagens, alianças e limites muito específicos".
2. As correntes teóricas e metodológicas: com pressupostos diferentes acerca do objeto da Psicologia e de como produzir conhecimento válido.
3. As variáveis pessoais dos psicólogos que definem sua prática e geram variedade apesar de sua adesão teórica.
4. As transições de escolas e mudança de rumo nas trajetórias profissionais e pessoais do psicólogo: engendram diferenças entre os psicólogos e de cada um para consigo mesmo.

Diz ele:

> Trata-se de um único ser psicólogo que se apresenta em diferentes versões, ou já caberia mais falar numa diversidade constitutiva? [...] Trata-se de uma psicologia com diferentes versões ou trata-se efetivamente de múltiplas psicologias? (*idem, ibidem*, pp. 89-90)

Figueiredo defende as segundas alternativas e sugere que se pense o psicólogo como um "profissional do encontro":

[...] lidar com o outro (indivíduo, grupo ou instituição) na sua alteridade faz parte de nossa atividade cotidiana. Mesmo que cheguemos a este encontro com a relativa e muito precária segurança de nossas teorias e técnicas, o que sempre importa é a nossa disponibilidade para a alteridade nas suas dimensões de algo desconhecido, desafiante e diferente; algo que no outro nos pro-pulsiona e nos alcança; algo que no outro se impõe a nós e nos contesta, fazendo-nos efetivamente outros que nós mesmos. (*idem, ibidem*, p. 93)

Compartilho da visão do autor acerca do profissional psicólogo, principalmente quando enfatiza que "[...]se não fôssemos capazes de deixar a alteridade do outro ressoar nas nossas próprias alteridades, estaríamos totalmente incapacitados para o exercício de nossa profissão" (*idem, ibidem*, p. 93).

A multiplicidade é condição do trabalho do psicólogo e, portanto, é no confronto com as alteridades do outro e de nós mesmos que esse trabalho se realiza.

Concordo também com o autor acerca de sua concepção sobre as teorias e técnicas como recursos "[...] de descentramento, instaurando no curso da ação os espaços da indecisão, os espaços do desconhecimento nos quais podem então ser acolhidas as alteridades emergentes" (*idem, ibidem*, p. 94).

Quanto à questão da identidade do psicólogo, Figueiredo propõe a renúncia da noção e a colocação da questão do convívio com nossas alteridades como "vocação" do psicólogo.

Coelho Júnior (1996, p. 310) em vez de falar sobre identidade propõe a "necessária identidade permanente em crise do psicólogo":

[...] a descrição da presença simultânea de identidade e diferença, de unidade e multiplicidade. Reconheço que é na tensão entre identidade e diferença e na tensão entre unidade e multiplicidade que é possível situar nossa subjetividade, nossa existência, o campo da psicologia e a atuação do psicólogo [...]. Crise aqui é sinônimo de tensão criativa, de tensão produtiva. (*idem, ibidem*, p. 311)

E assim,

[...] desta perspectiva não se trata de propor uma identidade que acolha a alteridade, mas sim de afirmar uma identidade em crise, que é simultaneamente identidade e alteridade, identidade e diferença, unidade e multiplicidade. (*idem*, *ibidem*, pp. 311-2)

Essa discussão acerca da multiplicidade em Psicologia e da possibilidade ou não de se definir uma identidade profissional é de fundamental importância, já que interfere diretamente na atitude do educador responsável pela formação de psicoterapeutas.

Conceber o psicólogo como um "profissional do encontro", ou com uma "identidade em crise", exige também do professor de Psicologia e Psicoterapia abertura à alteridade do aluno e em si mesmo, assim como um trânsito entre os pólos da identidade e da diferença, da unidade e da multiplicidade, o que torna ainda mais complexa sua tarefa de contribuir para a formação de um profissional com essa mesma abertura, já que lidar com o outro em sua alteridade é que dá sentido ao trabalho do psicoterapeuta.

O enigma sempre presente na experiência do confronto com a alteridade deve intrigar e motivar o bom psicoterapeuta, seja ele de orientação psicanalítica, reichiana, gestáltica, ou outra qualquer; a psicoterapia não é um trabalho "confortável", previsível, que dá ao profissional uma sensação de controle e finalização.

O encontro com a alteridade capacita o psicoterapeuta a relacionar-se com seu cliente; para tanto, o psicoterapeuta necessita conhecer e saber fazer uso da própria experiência, para estar a serviço de seu cliente.

Isso exige, conseqüentemente, que a formação desse profissional se dê de modo que favoreça a mobilização do aluno para que seja capaz de assimilar a teoria como experiência, numa mescla indissociável.

4

A concepção de aprendizagem e a Gestalt-pedagogia

> *Nenhum aprendizado dispensa a viagem.*
> *Sob a orientação de um guia, a educação*
> *empurra para fora [...]. De fato, nada*
> *aprendi sem que tenha partido, nem ensinei*
> *ninguém sem convidá-lo a sair do ninho.*
>
> *Filosofia mestiça*
> Michel Serres

A aprendizagem como exposição e estranhamento

Considero educação mobilizadora aquela na qual o saber pode ser incorporado pelo aluno; nessa forma de educar, não será apenas o autor ou o professor o detentor do saber ou o reprodutor desse mesmo saber que precisará ser consumido pelo aluno. Nem, tampouco, o aluno se configura como o centro do processo educativo ou o sujeito deste, tornando-se o professor mero acompanhante do aluno.

Na educação mobilizadora o saber é construído na relação professor–aluno quando este adquire conhecimento (acumulado) ao nomear sua própria experiência (saber tácito), vivenciada como criação, dando sentido e atualizando esse mesmo conhecimento.

O professor, por sua vez, não é autoritário, nem tampouco teme a autoridade; exerce-a ao ocupar o lugar que lhe compete na relação, confirmando o aluno em sua singularidade e responsabilidade.

O professor, portanto, tem a função de facilitar o ajustamento criativo do aluno, ou

> [...] a transição sempre renovada entre a novidade e a rotina que resulta em assimilação e crescimento [...]. Criatividade e ajustamento são polares, são mutuamente necessários. Espontaneidade é apoderar-se, crescer e incandescer com o que é interessante e nutritivo no ambiente. (Perls, Hefferline e Goodman, 1997, p. 45)

Esta é, a meu ver, uma experiência de deslocamento dos próprios referenciais, fundamental de ser propiciada pelos educadores que convidam o aprendiz a ousar e a inventar.

O pensamento de Serres (1993) vem ao encontro das minhas concepções acerca dos processos de aprendizagem. Segundo o autor, esta se dá quando ocorre o "estranhamento", a experiência de olhar de diversos ângulos ou perspectivas, de sair do lugar conhecido e familiar, de partir para o desconhecido, de desbravar.

Serres enfatiza a importância de o aprendiz passar pelo que chama de "lugar mestiço" onde há um abandono das referências, no qual se experimenta a exposição, a solidão, a errância; considera que o educador tem a missão de contrariar, de gerar o movimento do aluno em direção ao lugar mestiço, de promover a travessia, de levá-lo a viver o risco de conhecer.

Segundo o autor, o papel do educador é deslocar o aluno de sua estabilidade, ou seja, é provocá-lo e facilitar sua exposição ao outro, por vezes perigosa, que acarreta deslizes, estranhamentos, mas dá a ele a possibilidade de verter para todos os sentidos.

Educar é, portanto, levar o aprendiz a compreender que é outro para si mesmo e, assim, reconhecer a existência do diferente em si e no outro. Isso possibilita um deslocamento, e a experiência da complexidade que possibilita o aprender.

O aprendiz deve experimentar o conhecido e o enigmático, o esperado e a surpresa, o estranho e o familiar. O mestre favorece o trânsito para o "lugar mestiço", onde o aluno pode vivenciar a suspensão, o desalojamento e conhecer a partir da experiência, tornando-se capaz de "inventar", que, para Serres, é a meta da Educação.

Compartilho da concepção de aprendizagem do autor e percebo que o professor de psicoterapeutas pode promover a experiência da suspensão, da errância, da perda de referenciais, para que o aluno possa deparar com o outro em si mesmo, com o diferente e vivenciar descobertas. Aprender é, também, uma abertura ao outro que nos transforma e nos faz sermos, a partir de então, outros para nós mesmos. Como nos diz Serres:

> Partir. Sair. Deixar-se um dia seduzir. Tornar-se vários, desbravar o exterior, bifurcar em algum lugar. Eis as três primeiras estranhezas, as três variedades de alteridade, os três primeiros modos de se expor. Porque não há aprendizado sem exposição, às vezes perigosa, ao outro. Nunca mais saberei quem sou, onde estou, de onde venho, aonde vou, por onde passar. Eu me exponho ao outro, às estranhezas. (1993, p. 15)

Esse é, exatamente, o processo que o aprendiz vivenciará no exercício de sua profissão. A perda constante de estabilidade, o deslocamento de seus referenciais no encontro com o outro, a descoberta de seus pontos cegos e do desconhecido em si mesmo e o cotidiano "estranhamento", pois:

> O outro é sempre alguém que nos escapa, que contesta o nosso domínio, que transborda todas as possibilidades de representação, de cate-

gorização racional. Impõe-se a nós porque a própria constituição do "si mesmo" de cada um de nós passa por constatarmos que, por não sermos outros, somos nós mesmos. Na medida em que nos reconhecemos separados, temos que reconhecer o outro como tal... (Cupertino, 1995, p. 237)

Observo que a experiência do estranhamento pode ser vivenciada no processo de assimilação do conhecimento representacional, "[...] uma incorporação dos saberes psicológicos às suas habilidades práticas de tal forma que mesmo o conhecimento explícito e expresso como teoria só funciona como conhecimento tácito" (Figueiredo, 1993, p. 91).

Digo assimilação para diferenciar essencialmente essa experiência da simples introjeção ou memorização de conceitos. Observo que o conhecimento representacional pode também favorecer a ampliação da *awareness* do aluno acerca de si mesmo, de suas relações e da dinâmica psíquica de seus clientes.

Assim sendo, na formação de psicoterapeutas é fundamental que se crie oportunidade para essas experiências, nas quais o aluno poderá conhecer e desconhecer a si mesmo.

Na formação de psicoterapeutas é importante que haja oportunidade para que o aluno seja mobilizado, perturbado, sob pena de deixar a universidade sem aprender, num nível básico, a fazer uso de sua própria experiência, o instrumento terapêutico por excelência, e colocá-la a serviço do outro.

Observo que é possível aprimorar a qualidade da formação profissional quando se favorece o desenvolvimento pessoal do aluno a partir de oportunidades que alarguem seu campo de percepção e o contato com seu universo particular.

Nesse universo ele poderá encontrar referências que o ajudarão a compreender a dinâmica psíquica dos clientes, seu funcionamento saudável e não saudável com humanidade, disponibilidade, presença, sensibilidade, lucidez, humildade, amorosidade, fragilidades, limites e potencialidades que o capacitem a encontrar o outro para, principalmente, estar a serviço dele. E, para dar sentido ao diagnóstico, ao uso de técnicas, enfim, ao processo terapêutico.

Também é tarefa da formação de psicoterapeutas contribuir para que o aluno desenvolva alguma familiaridade e, talvez, muita estranheza, perante a si mesmo: suas crenças, seus valores, seus afetos, suas emoções, suas concepções, seus desejos, suas necessidades, seus pontos cegos e, até, suas dificuldades.

O contexto pedagógico também é lugar para mobilizar o aluno e favorecer sua *awareness* acerca de impedimentos, de obstáculos e de obstruções em seu processo de crescimento. E isso difere da Psicoterapia cuja função é aprofundar e trabalhar os conflitos que impedem a atualização das potencialidades da pessoa.

Observo que é possível proporcionar um maior número de oportunidades para que o aprendiz de psicoterapeuta depare com a matéria bruta de seu ofício: as experiências e relações humanas.

Assim sendo, o papel do professor também se amplia, pois convida o aluno a penetrar na experiência que é sempre nova, ou como diz Serres, a "sair do ninho". O deslocamento proposto por Serres, entretanto, pressupõe um "habitar confiado" que o anteceda:

> O homem é arremessado num mundo que ele não escolheu e é aí como a abertura ao que deste mundo lhe vem ao encontro, ou seja, ele existe no sentido preciso de ser fora de si mesmo, de ser o seu fora. Ora sustentar-se nesse existir, e só assim se existe, exige um espaço de separação, de recolhimento, de proteção que não encerre o existente numa clausura, mas lhe ofereça uma abertura limitada em que se reduzam os riscos dos maus encontros. (Figueiredo, 1995b, p. 4)

O autor considera os ideais, os valores e as atitudes para consigo mesmo e para com os demais como uma morada, que nos permite desfrutar do prazer, trabalhar, pensar e brincar.

O indivíduo capaz de acolher-se pode encontrar o outro, reconhecer e validar a alteridade. Pode desbravar, deixar o conhecido e aventurar-se na experiência do aprender, inventando.

Perls (1977, pp. 47 e 59) afirma: "Aprendizagem é descoberta. Eu aprendo algo a partir dessa experiência [...]. Aprender nada mais é do que descobrir que alguma coisa é possível. Ensinar quer dizer mostrar a uma pessoa que alguma coisa é possível".

Observo que na formação de psicoterapeutas essa descoberta do aluno está intimamente relacionada com seu próprio modo de ser e relacionar-se. Assim como o modo de ser diferente, do outro, do novo. Isso é de certa forma vivenciado quando o aluno depara com professores, colegas e clientes na clínica-escola, quando faz estágios em hospitais psiquiátricos, escolas, instituições. Mas percebo que, pelo menos nos cursos de formação de psicoterapeutas de que participei, há para os alunos pouca chance de compartilhar e organizar essas experiências do ponto de vista pessoal.

Além disso, Perls refere-se à descoberta de possibilidades, que nesse contexto estão também relacionadas à compreensão e aceitação de si mesmo e do outro, assim como ao ato de colocar a própria experiência a serviço da pessoa que busca ajuda.

Para ser capaz de colocar a própria experiência a serviço do outro, contribuir para que o cliente possa retomar seu processo de crescimento, é preciso que o psicoterapeuta iniciante saiba qual é essa experiência, saiba de si. Não apenas *o que* e *como* pensa; mas *o que* e *como* percebe, sente, imagina, espera, recorda e faz na relação com o outro. É necessário que aprenda a identificar o que é seu e o que é da outra pessoa; quais as sensações, emoções e impressões advindas dessa relação. Para tanto, precisa ser perturbado, contrariado, viver a experiência da estranheza, da exposição.

O conhecimento da própria experiência é o que propicia, a meu ver, o que Figueiredo denomina "habitar confiado": "[...] é somente a partir de um primordial sentir-se em casa que se criam as condições para as experiências de encontro da alteridade e para os conseqüentes acontecimentos desalojadores" (Figueiredo, *ibidem*, p. 5).

O "primordial sentir-se em casa" só pode ser vivenciado quando se penetra no próprio universo e adquire-se certa familiaridade, reconhecimento e conforto perante si mesmo, ou seja, quando seu próprio mundo transforma-se num lugar de acolhimento.

Como na afirmação de E. Polster e M. Polster (1979, pp. 100-1):

> Cada um de nós deve possuir algum espaço psicológico dentro do qual somos os nossos próprios mestres, e para o qual algumas pessoas podem ser convidadas, mas ninguém deve invadir.[...] nosso senso de união depende, paradoxalmente, de um senso aumentado de separação, e é este o paradoxo que nós constantemente procuramos resolver.

A experiência de aprender no curso de formação de psicoterapeutas deve auxiliar o aluno a construir esse espaço psicológico, o habitar confiado. Percebo que o trânsito para o "lugar mestiço", a experiência do estranhamento, do deslocamento dos próprios referenciais, paradoxalmente, lança luz sobre esses mesmos referenciais.

Esse conhecimento é fundamental para o aprendiz de Psicoterapia gestáltica. Um psicoterapeuta precisa, no mínimo, de algum discernimento a respeito do que pertence a ele e o que pertence ao cliente. É papel do curso de formação oferecer ao aluno oportunidades para experimentar esse limite ou essa fronteira eu-não eu para estar *aware*.

Obviamente, é a partir da experiência profissional, no contato com vários clientes, ao longo de muitos anos e muitas sessões, que o psicoterapeuta vai se construindo, e esse é um processo de toda uma vida. O psicoterapeuta é um profissional inacabado, e sempre terá o que aprender sobre si mesmo e sobre seu próximo cliente.

O curso de formação pode e deve dar a "largada" nesse processo. É insuficiente apenas alertar o aluno: "Faça sua própria terapia", ou "É atendendo muitos clientes que você se tornará capaz", ou ainda "Faça muita supervisão". Essas afirmações não deixam de ser verdadeiras. A formação, entretanto, deve também assumir a responsabilidade de oferecer ao aluno de Psicoterapia experiências que possibilitem a aprendizagem de sua própria humanidade.

A Gestalt-pedagogia e a formação do gestalt-terapeuta

"Gestalt-pedagogia é o termo abrangente para conceitos pedagógicos que se orientam extensamente nas idéias teóricas e práticas da gestalt-terapia e da gestalt-psicologia" (Burow e Scherpp, 1985, p. 103).

Um dos pressupostos gestálticos que fundamentam a Gestalt-pedagogia é que o ser humano dispõe dos recursos necessários para poder enfrentar a vida; precisa, para tanto, conscientizar-se de suas capacidades e potencialidades (desenvolver auto-suporte).

Na formação do gestalt-terapeuta, esse pressuposto implica uma atitude do professor de, em primeiro lugar, ser capaz de perceber as capacidades, potencialidades e limitações de cada aluno, além de confirmá-las no decorrer do processo de formação, ou seja, criar condições para que estas sejam atualizadas e conscientizadas pelo aluno.

Para tanto, é preciso que o professor tenha a disponibilidade para relacionar-se com os alunos confirmando sua singularidade, isto é, abrindo espaço para que cada um ocupe o lugar que lhe pertence no grupo, sendo valorizado e aceito como é.

Ao promover oportunidades para que as potencialidades floresçam e sejam atualizadas, colabora para o desenvolvimento do auto-suporte do aluno, condição fundamental para que este, inclusive, perceba e lide com as próprias dificuldades.

Isso com certeza torna-se uma tarefa complexa e difícil, quando o professor depara com classes numerosas, o que dificulta um relacionamento mais estreito e que propicie um conhecimento mais profundo de seus alunos. No entanto, observo ser possível criar um espaço para a expressão individual, o que encoraja os alunos a participarem de forma ativa, sendo mobilizados no processo de aprender.

Outro pressuposto gestáltico fundamental é que o organismo alcança e mantém seu equilíbrio mediante o processo homeostático, um processo de ajustamento criativo contínuo.

Ao promover a transição entre a novidade e a rotina na experiência do aluno, o professor pode facilitar a assimilação dessa mesma experiência que resulta em crescimento.

Para a Gestalt-terapia o presente é o ponto de transformação entre o passado e o futuro, que se encontram no presente, porque são considerados na história de vida e nas expectativas sobre o futuro do indivíduo.

No contexto pedagógico, então, é fundamental que o professor valorize a experiência presente que é sempre nova, oferecendo aos alunos a oportunidade de conscientizarem-se desta, para tomarem posse de seus recursos ou da possibilidade de criá-los.

A Teoria Paradoxal da Mudança abordada anteriormente enfatiza que a mudança se verifica quando alguém se torna o que é, e não quando tenta ser o que não é.

Esse pressuposto tem uma implicação fundamental no processo de aprendizagem, já que favorece um olhar do professor para a potencialidade de crescimento de cada aluno, levando em consideração seus recursos individuais, ajudando-o a fazer uso desses recursos, assim como a conscientizar-se de suas dificuldades, não em uma atitude moral e normatizadora, mas no sentido de orientá-lo ao oferecer referências do *o que* e *como* faz.

A integração da experiência em seus aspectos perceptuais, motores, cognitivos, emocionais, afetivos e relacionais pode ser favorecida à medida que o professor focaliza e enfatiza essas diversas dimensões da experiência na relação com os alunos. É importante que estes tenham a oportunidade de se tornar *aware* do *o que* e *como* vivenciam, para que possam fazer uso desta a serviço do outro.

Assim sendo, o ensino baseado nos pressupostos gestálticos tem como objetivo fundamental a facilitação dos processos de crescimento em curso do aluno, além de promover o desenvolvimento da auto-responsabilidade (no sentido existencial) que amplia o auto-suporte do aluno e ajuda-o a libertar-se dos impedimentos que tolhem seu desenvolvimento.

Em síntese, o objetivo da Gestalt-pedagogia é facilitar o desenvolvimento do indivíduo, tendo em vista suas potencialidades para o crescimento e auto-realização. O método é a mobilização do aluno, a ampliação da *awareness*, que favorece esse mesmo crescimento.

A relação professor–aluno

O ensino e a aprendizagem para a Gestalt-pedagogia têm um caráter relacional, pois a relação professor–aluno é a base dessa abordagem.

> [Isso] [...] significa para ele [professor] ver e aceitar o aluno meramente em sua existência como ser humano, entendendo-o como premissa para o desenvolvimento de um clima de confiança mútua, franqueza e autenticidade de comunicação na sala de aula. A relação [...] entre aluno e professor significa que este compreende e trata aquele como ser humano total. (Burow e Scherpp, 1985, p. 120)

É importante, então, que o professor se relacione com o aluno, considerando a relação como caminho de aprendizado.

O desenvolvimento pessoal do professor é, portanto, fundamental para que seja capaz de estabelecer um clima facilitador da aprendizagem, pois propicia uma atitude capaz de se relacionar com o aluno como uma unidade existencial, que lhe permite estimulá-los a experimentar e criar e, também, a ser estimulado e criativo.

O ensino fundamentado na abordagem gestáltica baseia-se num método que exige do professor uma qualidade de presença na sala de aula que favoreça a atualização das potencialidades dos alunos, assim como a conscientização de suas necessidades e seus limites.

> [...] analogamente às habilidades de um terapeuta, o professor deve, tanto quanto possível, ser autêntico, congruente, mostrando abertamente suas emoções. Deverá estar em contato consigo mesmo e com a classe. Só uma maior franqueza possibilita uma relação de confiança com a classe. A condição para levar a cabo um programa de ensino segundo a Gestalt-pedagogia é a formação do professor que dê na universidade a atenção à integração do cognitivo e da emoção. O professor deve desenvolver a competência social que lhe possibilite observar melhor as suas necessidades, bem como as dos alunos, e a reagir adequadamente. Na visão da Gestalt-pedagogia as perturbações nunca devem ser imputadas somente aos alunos. O professor deve estar em condições de encontrar a sua parcela nelas. (*idem, ibidem*, p. 116)

A Gestalt-pedagogia propõe ainda o ensino autodeterminado, que faça sentido aos alunos, para que, em vez de apenas introjetarem os conteúdos, possam assimilá-los de forma integrada.

Partir das necessidades do aluno gera motivação e favorece o desenvolvimento da autodeterminação; o aluno que conhece suas necessidades pode desenvolver a auto-reflexão de suas condições e possibilidades de ação.

A formação do psicoterapeuta na abordagem gestáltica

Fazer-se psicólogo e, em especial, psicoterapeuta no mundo contemporâneo é uma tarefa cada vez mais desconcertante e complexa.

Todo processo terapêutico implica um grande envolvimento pessoal do terapeuta e o coloca diante das mais intrigantes e profundas questões existenciais quando mergulha no universo singular de cada cliente, e coloca-se dialogicamente disponível para a relação, como o gestalt-terapeuta.

Desenvolver a capacidade de compreender o cliente é uma difícil tarefa, já que a prática clínica é um exercício cotidiano de revelação, não apenas para o cliente, mas também para o terapeuta, que ao praticar a inclusão[1] está sujeito aos "riscos" e aos fascínios dos encontros e dos desencontros consigo mesmo e com o outro.

Para tornar-se disponível para o encontro é preciso que o gestalt-terapeuta, desde o início de sua formação, vá tomando consciência das exigências da profissão, sendo a mais fundamental o trabalho árduo e intenso sobre a sua própria pessoa.

> Uma das características que definem um gestalt-terapeuta é a busca de um *estilo* próprio. Nesse sentido, se as características pessoais do terapeuta são enfatizadas como instrumento de trabalho numa abordagem fenomenológico-existencial, esse instrumento deve tornar-se cada vez mais afinado e único, para que ele possa colocar-se na relação terapeuta–cliente de forma mais genuína. Disso se deriva que sua história pessoal, bem como suas habilidades pessoais, devem estar a serviço de seu papel de terapeuta. Isso é coerente com os princípios dessa abordagem. (Loffredo, 1994, p. 93)

---

1. "O terapeuta honra a experiência fenomenológica do paciente, entra respeitosamente no mundo fenomenológico do paciente, onde tenta experenciá-lo como tal, e aceitando-o como é" (Yontef, 1986, p. 1).

Para realizar o trabalho de ajudar o cliente a construir a sua "morada", o gestalt-terapeuta deve estar envolvido em sua própria construção, seu "habitar confiado", como diz Figueiredo; é preciso ter para aonde "voltar" quando se esteve integralmente a serviço do outro. É necessário acolher-se.

Como mencionei anteriormente, cabe aos educadores responsáveis pela formação de psicoterapeutas criar condições facilitadoras de aprendizagem que pressupõem, nessa profissão, o desenvolvimento pessoal; é importante, portanto, facilitar a integração das diferentes dimensões da experiência do aluno levando em consideração o contexto acadêmico, e com finalidade pedagógica.

Esse trabalho vem sendo realizado nas disciplinas e nos estágios supervisionados que compõem os Cursos de Formação de Psicoterapeutas em diferentes abordagens (dos quais participei), mas, a meu ver, pode ser aprimorado de modo que favoreça a capacitação do aluno de Psicoterapia para *relacionar-se* com seus clientes.

Na formação do gestalt-terapeuta, especificamente, para favorecer essa capacitação é fundamental que o educador auxilie o aluno a tornar-se *aware* dos inúmeros paradoxos inerentes à profissão.

Segundo Hycner (1995, p. 27), para relacionar-se com seus clientes, o psicoterapeuta precisa desenvolver habilidades para lidar com esses paradoxos:

É da essência da prática psicoterapêutica evocar fortemente a tensão de polaridades opostas – muitas vezes de tal forma que se tem a impressão que vão dilacerar a sensibilidade do terapeuta. Parecem intermináveis as exigências impostas ao terapeuta decorrentes das diferentes necessidades dos clientes. Talvez só após muitos anos de prática essas tensões sejam suportadas com menos dor – e, ainda assim, elas não são nunca resolvidas. É uma profissão repleta de paradoxos. É da natureza do trabalho forçar seus profissionais a serem o campo de batalha vivo desses paradoxos.

Formar profissionais capacitados para tal ofício é uma missão mobilizadora e difícil, que carece de meios criativos para desenvolver o aluno de um modo mais amplo, para instrumentalizá-lo no exercício da profissão de gestalt-terapeuta.

Hycner aponta alguns dos paradoxos inerentes à profissão de psicoterapeuta na abordagem gestáltica, por exemplo: os problemas aparentemente contraditórios em relação ao aspecto pessoal e profissional do terapeuta.

O psicoterapeuta deve ser capaz de estar para o outro e refletir sobre a experiência presente e o processo do cliente.

Pode haver, em muitos momentos, o confronto com as questões da vida de outras pessoas que talvez não estejam resolvidas em sua própria vida. A vulnerabilidade do terapeuta pode torná-lo receptivo às questões do cliente, mas, se não for reconhecida e trabalhada em sua terapia pessoal, pode transformar-se em obstáculo na relação, ou até prejudicar o processo do cliente.

> Nos últimos anos, isso tem sido amplamente discutido sob a rubrica de "o curador ferido". Ou seja, é a natureza não resolvida de suas próprias dificuldades que sensibiliza o terapeuta para a vulnerabilidade do outro [...]. Certamente que o "curador ferido" cura; porém, se o ferido torna-se "figura" na terapia, o foco pode ser a cura do terapeuta e não a do cliente, o que nunca é o objetivo da terapia. Entretanto é certo que pode ocorrer a cura do terapeuta como um subproduto da interação... (*idem, ibidem*, p. 30)

Outro aspecto importante diz respeito à *awareness* do que está acontecendo entre o terapeuta e o cliente. O terapeuta precisa estar em contato com o cliente e consigo mesmo. Isso exige *awareness*, capacidade de diferenciação e de estabelecer contato de boa qualidade, colocando-se a serviço do outro.

É necessário, então, que o terapeuta esteja *aware* do "entre", ou seja, da experiência relacional propriamente dita, considerando o encontro e as resistências[2] tanto do cliente como suas. Esclarecer de onde parte a resistência é uma tarefa complexa, que exige humildade e disponibilidade do terapeuta para examinar pontos cegos e defensivos, assim como disponibilidade para trabalhá-los em sua psicoterapia pessoal.

Para tanto é importante que o professor crie oportunidades de desenvolvimento desses recursos, um processo que, sem dúvida, continua ao longo do exercício profissional.

Segundo Frazão (s/d, p. 5), a Gestalt-terapia pode contribuir para o desenvolvimento das habilidades terapêuticas. Para isso, descreve três objetivos no trabalho de formação de psicoterapeutas:

1. Desenvolvimento da autopercepção do terapeuta.

   Sensibiliza-se o aluno para a importância de um processo contínuo de autoconhecimento, tanto no que se refere às suas habilidades como às dificuldades, enfatizando a singularidade de cada terapeuta.

2. Desenvolvimento da habilidade de reverter sua percepção para a compreensão do cliente, como ajudar o aluno a aceitar e lidar com os sentimentos que emergem na relação com o cliente.

3. Desenvolvimento do raciocínio clínico.

   A partir da teoria e da experiência de si, do contato consigo mesmo.

---

2. Segundo Hycner (1995, pp. 141-2): "A resistência é o resíduo de uma tentativa de diálogo interrompido abruptamente no meio da frase. As raízes da resistência são interpessoais e ontológicas, assim como intrapsíquicas. Isso também significa que a maneira como a resistência se manifesta na terapia é um produto da interação entre terapeuta e cliente [...]. É uma forma essencial de autoproteção [...] é o muro que encerra feridas antigas e muito sensíveis. A delicada tarefa do terapeuta é ajudar o cliente a tornar esse muro mais permeável, ajudar a pessoa a abrir-se para outras oportunidades mais vivas".

A autora desenvolve seu trabalho com estagiários de Psicoterapia em três etapas:

1. Exercícios (que focalizam alguma habilidade específica do ser terapeuta), comentários, reflexão individual e troca de experiências.
2. *Role-playing* de episódios iniciais de situações terapêuticas (com o objetivo de desenvolver o raciocínio clínico).
3. *Role-playing* de miniepisódios terapêuticos.

Frazão afirma ser fundamental o aluno compartilhar sua experiência e emprestá-la como meio para a aprendizagem de cada um dos membros do grupo. A autora (1983, p. 183) enfatiza a importância do que denomina "modelo experiencial" de ensino que propicia:

> [...] um tipo de aprendizagem na qual, em oposição à aprendizagem acadêmica tradicional que freqüentemente ocorre, o sujeito é *agente* de sua própria aprendizagem, na medida em que é sujeito de sua própria experiência. [grifo da autora]

E ainda: "A descoberta através da experiência traz como conseqüência uma mudança muito mais ampla, levando a uma reconfiguração da totalidade do sujeito e de sua relação com o mundo" (*idem, ibidem,* p. 182).

Mas como tornar o aluno agente de sua própria aprendizagem? Como deve configurar-se a apresentação da Gestalt-terapia para ser coerente com seus pressupostos filosóficos, teóricos e metodológicos?

Essas questões levam a uma reflexão acerca dos modos de apresentação da Gestalt-terapia, que têm sido alvo de confusões e críticas no cenário da Psicologia contemporânea.

A apresentação da Gestalt-terapia

Abordar a apresentação da Gestalt-terapia exige apontar, ainda que superficialmente, a questão das ambigüidades de sua divulgação, que envolvem confusões e mal-entendidos acerca da abordagem, assim como a questão da linguagem e das formas discursivas para apresentar seu corpo teórico-prático.

Loffredo em seu ensaio intitulado *A cara e o rosto* (1994) aponta as principais ambigüidades na divulgação da Gestalt-terapia, ao basear-se no trabalho de importantes autores como From (1984), L. Perls (1978) e Yontef (1981;1984).

Segundo os autores a Gestalt-terapia foi (e é) confundida com os trabalhos mais recentes de Perls em seminários e *workshops*, baseados em demonstrações de técnicas para profissionais.

Criticam também o trabalho episódico que deu margem para confundir-se a abordagem como um conjunto de *slogans* e técnicas. Procuram ainda discriminar que as dramatizações de sonhos e fantasias eram métodos eficientes com profissionais terapeutizados e com certa experiência como terapeutas, não sendo esse método adequado para trabalhar com distúrbios graves.

Uma das críticas feitas a Perls, como principal divulgador da abordagem, foi a de teatralizar a Gestalt-terapia e não esclarecer os limites e objetivos de suas demonstrações em determinados contextos. Além disso, ele foi acusado de privilegiar a terapia individual no grupo, de excessiva confrontação com o cliente, de rejeição à construção teórica, da pouca ênfase na regularidade da terapia individual e na marginalização dos co-fundadores da abordagem.

Apesar de Perls criticar o uso abusivo de técnicas como se fossem truques, isso não impediu seus críticos de responsabilizá-lo pelas ambigüidades na divulgação da Gestalt-terapia.

É coerente enfatizar que o jeito que a GT foi divulgada, no estilo de Perls (que também não pretendia que fosse entendida da forma que foi), encontrou eco na eclosão dos movimentos do potencial humano, na Califórnia dos anos 60. Foi um pára-raios, um fio condutor de expectativas e anseios que norteavam a busca de novas formas de vida e, associadas a elas, o que se esperava de uma psicoterapia nessa época [...] a GT sofreu, durante certo tempo, o que eu chamaria de vieses da moda, articulados e, ao mesmo tempo, resultantes de mal-entendidos sobre seus fundamentos. (Loffredo, 1994, p. 98)

A autora faz uma analogia da Gestalt-terapia com a metáfora da cara e do rosto:

"Cara" é um estereótipo, uma espécie de marca definitiva. Ao contrário de um rosto onde a mobilidade, a flexibilidade, o *flash* do momento é essencial e o torna vitalizado. O encanto de um rosto é que ele se transmuta e se deixa perpassar pelo instante. Através dessa analogia, pode-se dizer que o verdadeiro rosto da GT fica encoberto, quando suas caras estereótipos, difundidas por aí, passaram a ser modelos de aprendizagem e de transmissão do saber relativos a ela. (*idem, ibidem*, p. 94)

Loffredo atribui ao desconhecimento das bases da Gestalt-terapia e ao contexto histórico de sua divulgação os mal-entendidos dos quais sofre a abordagem, mas alerta para o fato de que se deve delinear o que de dentro de seu corpo-teórico-prático possibilitou esses problemas. Aponta, ainda, a questão da linguagem como um dos aspectos a serem esclarecidos.

Contribuir para "des-cobrir" (ou "re-construir") o rosto da Gestalt é, portanto, um objetivo amplo desse trabalho. Já que visa investigar o "como", pode se dar ou favorecer a apresentação da Gestalt-terapia, de forma coerente com seus pressupostos filosóficos, teóricos e metodológicos.

Abordar essa questão exige tratar a questão da linguagem pertinente à apresentação da Gestalt-terapia. Loffredo alerta:

Sendo a GT uma abordagem fenomenológico-existencial, precisa ser experiencial e experimental o caminho para apreendê-la. Nesse sentido, falar sobre Gestalt-terapia contradiz a própria filosofia gestáltica. Entretanto, convivemos com essa contradição desde que no trabalho psicoterápico há o apreendido, o transmitido, o relatado, o inventado, o compartilhado. A possibilidade de intersubjetividade de conhecimento caracteriza o jeito de a psicoterapia poder tornar-se objetivável, trabalhando, ao mesmo tempo, com o significado, com a intenção e com o comportamento observável. (*idem, ibidem*, p. 99)

Pode-se observar que na literatura gestáltica há, comumente, dois modos de expressá-la: textos caracterizados por um rigor conceitual e textos poéticos, próximos à forma literária, que expressam, principalmente, o princípio do *continuum* de *awareness*.[3] Apesar de incorporar os sentimentos à linguagem, essa segunda maneira de expressar a Gestalt-terapia foi compreendida por muitos de forma equivocada, visto que se passou a confundir a abordagem como opositora do intelecto ou da teoria, o que acarretou uma dicotomia em seu discurso e sua apresentação. O que a Gestalt-terapia enfatiza é, contudo, a *conexão* do pensamento e da verbalização à experiência vivida.

Essa conexão será aqui explorada posteriormente, mediante a fala de bom contato e da poesia, duas de suas manifestações importantes, e que serão tratadas no próximo capítulo.

---

3. Ver, por exemplo, o livro clássico da abordagem *Gestalt-terapia*, de Perls, Hefferline e Goodman (1997), e o livro *Não apresse o rio, ele corre sozinho*, de Stevens (1978), respectivamente.

PARTE II

5

A palavra poética e a incorporação do saber

> *O homem quer identificar-se com suas criações, reunir-se consigo mesmo e com seus semelhantes: ser o mundo sem cessar de ser ele mesmo. Nossa poesia é consciência da separação e tentativa de reunir o que foi separado. No poema, o ser e o desejo de ser pactuam por um instante, como o fruto e os lábios. Poesia, momentânea reconciliação: ontem, hoje, amanhã; aqui e ali; tu, eu, ele, nós. Tudo está presente: será presença.*
>
> *O arco e a lira*
> Octavio Paz

Em meu trabalho docente de formação de gestalt-terapeutas, observo diferentes formas discursivas que, por sua vez, diferenciam o tipo de contato que posso estabelecer com o contexto de ensino e influenciam a aquisição de conhecimentos advindos desse contato, tanto de minha parte como dos alunos.

Ao apresentar a Gestalt-terapia, observo que presentifico em alguns momentos aquilo a que me refiro ao expressá-la, e de algum modo favoreço para alguns alunos essa mesma experiência de presentificação quando se tornam capazes de nomear a própria experiência.

Percebo que a presentificação dá-se por uma fala reveladora: revivo criativamente alguma experiência e observo que o aluno reconhece algo de si mesmo em palavras-imagens que surgem espontaneamente e surpreendem-me, já que não havia a intenção de comunicá-las.

Aliás, essas palavras-imagem "brotam" sem esforço (sendo criadas e recriadas no fluxo da fala) do diálogo com os alunos, de suas reações e sua escuta, do tema em questão, do que eu mesma e eles despertam em mim. Observo que elas emergem em momentos mobilizadores do encontro com os alunos; elas são a convergência do que eu e eles somos no momento.

Essa forma discursiva "acontece" sem que advenha de algum estado ou experiência particular. Não sei como e quando vou professá-la. Tampouco posso preparar-me para que ela ocorra.

Percebo que a fala a que me refiro "abre uma fenda" na experiência do aluno modificando seu olhar e sua escuta. Ele retorna a si, ao perceber o diferente em si mesmo, o que o surpreende e excita.

Essa fala não explica, ou simplesmente descreve, pessoas ou situações: estende-as diante do aluno. É rica em cores, lugares, personagens, enredos e dramas que são revividos e recriados por mim, e também por eles. Pode ser proferida em uma frase, ou numa seqüência delas. Observo que é de mim mesma que falo, mas de algum modo também do aluno; do conhecido e do desconhecido que se revelam, e que expõem ambos.

Descubro e nomeio não deliberadamente a experiência presente, que se configura como a convergência criativa de tantas outras vividas, e que se atualizam de modo novo e diferente no diálogo com o aluno. Torno-me outra para mim mesma, pois revelo-me na relação e saio transformada.

Ao dialogar comigo ou com o colega, o aluno remete-se às suas próprias vivências, que ali também são recriadas, nomeadas, reconfiguradas. Nesse momento, ele é o dono do saber, saber de si mesmo, e também do outro. Percebo, então, que o conhecimento se enraíza, ele e o conhecimento são um só. Há uma tomada de posse do saber, agora inseparável do aprendiz.

Esse é um instante de perturbação: há excitação motora, expressões faciais de surpresa e emoções, olhar atento, postura ereta e em prontidão, sinais de consentimento, exclamações, silêncios, expressão verbal de emoções, compartilhamento de experiências vividas, descobertas, risos, estranhamento.

Há uma cumplicidade nessa palavra – que é imagem –, como se a mutualidade tomasse forma, de modo simples e fugaz. Há uma vitalidade na presença. Os alunos muitas vezes expressam também verbalmente sensações de calor, incômodo, desconforto; outras vezes, expressam prazer, afetividade, ansiedade, além de compreensão de algo anteriormente obscuro ou confuso, ou, então, não percebido.

Percebo-os também expostos, abertos, como se dessem permissão para serem tocados e transformados, dispostos aos riscos da errância, confiantes em meu e em seu próprio zelo silencioso. Assim, também sou por eles perturbada e, portanto, aprendiz. É uma experiência de transparência sutil e mútua, de entrega generosa do que somos, de confiança no que podemos vir a ser, de reverência ao instante, de transcendência da nossa condição.

Nesses momentos estou bastante mobilizada e experimento uma sensação de descoberta: há sentido (sabor) em meu dizer e minha escuta é também seduzida pela vivacidade da exposição do aluno. A teoria se atualiza em minha própria experiência ao revelar-me nela, e ela em mim. E, também, nos alunos. O clima é de proximidade e cumplicidade, pois observo que de algum modo eu e o aluno vivenciamos a comunalidade de nossa própria humanidade. Tornamo-nos o que somos, ingênuos e lúcidos. Observo que há um resgate da excitação diante do novo, e a vida por instantes assume seu caráter lúdico e fascinante, pois é em si o seu

113

próprio sentido. A aprendizagem não é só um objetivo, mas a própria experiência.

Em vez de simplesmente explicar ou descrever algo, apresento entregando-me generosamente e sem preparação ao instante, sem um fim a ser atingido. O fim é o próprio instante. Estou desperta e lançada à situação.

Percebo também que essa fala a que me refiro esgota-se em si mesma, pois é início, meio e fim. Não preciso explicar ou argumentar, pois ela diz o seu próprio sentido, e o seu dizer nela mesma se encerra.

Retorno por vezes a um tipo de linguagem que representa, argumenta, explica e conduz o aluno. E novamente dá-se uma "quebra" no fluxo da experiência, ou seja, ele se lança para outro lugar novamente desconhecido.

Observo, então, que o ato de ensinar é a conjugação de discursos diversos: há um movimento constante, em que a suspensão é vivenciada tanto por mim como pelos alunos lançados no instante, que é sempre criação.

Encontrei na literatura sobre Poesia referências sobre essa experiência de encarnação do saber, que possibilita o confronto com a alteridade, que, simultaneamente, "empurra para fora", suspende, mobiliza e promove o retorno a si mesmo: a experiência poética e a palavra que a corporifica.

A experiência (imagem) poética e a palavra poética: possibilidade de encarnação do saber

A experiência (imagem) poética e sua corporificação mediante a palavra será abordada por meio dos textos de Bachelard (1989, 1996), Badiou (1994), Barthes (1978), Paz (1986, 1994, 1996), e o ensaio de Loffredo (1994), que aborda a questão da poética terapêutica. Além disso, farei referências aos trabalhos de Perls, Hefferline e

Goodman (1997) que revelam também a preocupação com as formas discursivas no corpo teórico da Gestalt-terapia.

Pude perceber que os trabalhos desses autores tratavam justamente do que eu observava ocorrer em muitos momentos em meu trabalho pedagógico: a experiência (imagem) poética e sua corporificação mediante a palavra facilita a mobilização dos alunos, promove um estado de suspensão que, segundo Serres (1993), permite uma experiência de aprendizagem.

Essa investigação pretende também identificar se e quando ocorre a experiência (imagem) poética na relação professor–aluno (pela palavra poética) e como pode favorecer a apresentação da Gestalt-terapia, entendida como a encarnação do conhecimento por parte do aluno.

No trabalho docente de apresentação da Gestalt-terapia é importante mobilizar o aluno de modo que favoreça a incorporação da teoria que, ao generalizar e inserir o comportamento humano em sistemas (e, portanto, cumprir sua função), pode ser assimilada pelo aluno de modo singular e, assim, favorecer a abertura deste para a experiência presente e para a alteridade em si mesmo e no outro.

Assim como no trabalho do psicoterapeuta, é fundamental que o professor seja capaz de utilizar "[...] a fala como anúncio, que mostra como num gesto. Um falar apresentativo, oposto ao proposicional-argumentativo, e que necessita de um outro tipo de escuta" (Cupertino, 1995, p. 195).

A forma desse falar apresentativo é a "palavra poética" ou "dizer poético", intimamente relacionado, a meu ver, com a possibilidade da encarnação do saber.

Estabelecerei ao longo deste capítulo as correlações pertinentes entre os temas, apontando a palavra poética como possibilidade de mobilização do aluno, condição fundamental para aprender no campo da Psicoterapia Gestáltica.

Para tanto, abordarei a questão do saber encarnado, da experiência poética como encarnação do saber, e da palavra poética como a forma discursiva que exprime essa experiência.

Barthes (1978) aborda a questão da encarnação do saber, que se desprende numa fala integrada. Sua concepção de saber, ensino e método fundamenta esse trabalho, pois vem ao encontro da possibilidade de criar uma alternativa para o paradigma racional e, portanto, para as Ciências Humanas.

Barthes considera que a língua está a serviço de um poder. A linguagem é uma legislação, e a língua, o código dessa legislação, já que é classificação e, portanto, opressiva. Falar, para o autor, é então sujeitar.

> [...] a língua não se esgota na mensagem que engendra; ela pode sobreviver a essa mensagem e nela fazer ouvir, numa ressonância muitas vezes terrível, outra coisa para além do que é dito, superimprimindo à voz consciente, razoável do sujeito, a voz dominadora, teimosa, implacável da estrutura... (*idem, ibidem*, p. 14)

Para Barthes, portanto, só há liberdade fora da linguagem, uma vez que a linguagem humana é um lugar fechado, sem exterior. Entretanto, considera a possibilidade de trapacear a língua, colocando-a fora do poder; essa possibilidade, para Barthes, é a literatura.

> [...] ela é a realidade, isto é, o próprio fulgor do real [...] trabalha nos interstícios da ciência: está sempre atrasada ou adiantada em relação a esta [...] a literatura não diz que sabe alguma coisa, mas que sabe de alguma coisa; ou melhor: que ela sabe algo das coisas – que sabe muito sobre os homens. (*idem, ibidem*, pp. 18-9)

Ao abordar o discurso científico, afirma que o saber é um enunciado dado como produto da ausência do enunciador; já,

[...] na escritura, ele é uma enunciação [...]. A enunciação, por sua vez expondo o lugar e a energia do sujeito, quiçá sua falta (que não é sua ausência), visa o próprio real da linguagem; ela reconhece que a língua é um imenso halo de implicações, de efeitos, de repercussões, de voltas, de rodeios, de redentes; ela assume o fazer ouvir um sujeito ao mesmo tempo insistente e insituável, desconhecido e no entanto reconhecido segundo uma inquietante familiaridade: as palavras não são mais concebidas ilusoriamente como simples instrumentos, são lançadas como projeções, explosões, vibrações, maquinarias, sabores: a escritura faz do saber uma festa. (Barthes, 1978, pp. 20-1)

Barthes propõe, então, um paradigma no qual a escritura pode estar presente tanto na ciência como na arte:

O paradigma que aqui proponho não segue a partilha das funções; não visa colocar de um lado os cientistas, os pesquisadores e, de outro, os escritores, os ensaístas; ele sugere, pelo contrário, que a escritura se encontra em toda a parte onde as palavras têm sabor (saber e sabor têm, em latim, a mesma etimologia) [...]. Na ordem do saber, para que as coisas se tornem o que são, o que foram, é necessário esse ingrediente, o sal das palavras. É esse gosto das palavras que faz o saber profundo, fecundo. (*idem, ibidem*, p. 21)

Barthes, nessa passagem, refere-se à possibilidade do saber encarnado, favorecido pelo sabor das palavras que tocam a singularidade, superando a dicotomia, a separação e a generalidade. Propõe, assim, uma alternativa ao pensamento e à linguagem dicotômica, superando então a palavra gregária. O texto pode fugir da palavra gregária,

[...] mesmo quando nele ela procura reconstituir-se; ele empurra sempre para mais longe [...] ele empurra para outro lugar, um lugar inclassificado, atópico, por assim dizer, longe dos *topoi* da cultura politizada

[...] ele soergue, de modo frágil e transitório, essa chapa de generalidade, de moralidade, de in-diferença [...] que pesa sobre nosso discurso coletivo. (Barthes, 1978, p. 35)

Ao referir-se à possibilidade do texto de empurrar o leitor para um lugar inclassificado, o pensamento de Barthes remete-me ao que Serres denominou "lugar mestiço", um ponto de suspensão e estranhamento, de perda de referenciais, que revela que somos outro para nós mesmos, por meio da experiência da solidão, da errância. Para Barthes, o texto, as palavras com sabor possibilitam essa experiência de confronto com a alteridade, que mobiliza e liberta a diferença.

Não é isso que promove o professor capaz de mobilizar o aluno? E como se dá essa perturbação que liberta ao invés de sujeitar?

É importante ressaltar que, nesse processo, as formas discursivas têm papel fundamental:

[...] o método não pode ter por objeto senão a própria linguagem na medida que ele luta para baldar todo discurso que pega: e por isso é justo dizer que esse método é também ele uma Ficção. [...] o que pode ser opressivo num ensino não é finalmente o saber ou a cultura que ele veicula, são as formas discursivas através das quais ele é proposto. (*idem, ibidem*, pp. 42-3)

Barthes enfatiza, portanto, a importância da forma discursiva que pode ou não ser opressora; observo que essa última se refere ao uso de uma linguagem exclusivamente generalizante que exclui a singularidade no processo de conhecimento. Compartilho do ponto de vista do autor, já que considero o conhecimento possibilidade de enraizamento da tradição à singularidade, o que recria esse mesmo conhecimento que se atualiza em cada indivíduo.

Esse saber trata, a meu ver, do saber tácito a que se refere Figueiredo, que não pode ser deliberadamente ensinado ou comunicado, apenas posto em movimento. É o "sal das palavras" que, segundo Barthes, promove a "festa" do saber, tornando-o, portanto, fecundo, vívido, atualizado.

Desse modo, Barthes propõe o que chama de "excursão", como método de suspensão no ensino, utilizando uma bela metáfora para enfatizar o papel do professor como alguém que liberta e ao mesmo tempo zela pelo aprendiz:

> [...] eu me persuado cada vez mais, quer ao escrever, quer ao ensinar, que a operação fundamental desse método de desprendimento é, ao escrever, a fragmentação, e ao expor, a digressão ou, para dizê-lo por uma palavra preciosamente ambígua: a excursão. Gostaria pois que a fala e a escuta que *aqui* se trançarão fossem semelhantes às idas e vindas de uma criança que brinca em torno da mãe, dela se afasta e depois volta, para trazer-lhe uma pedrinha, um fiozinho de lã, desenhando assim ao redor de um centro calmo toda uma área de jogo, no interior da qual a pedrinha ou a lã importam finalmente menos do que o dom cheio de zelo que deles se faz. (1978, pp. 43-4)

Essa metáfora de Barthes remete-me novamente a Serres quando afirma que ensinar é "empurrar para fora", é convidar alguém a "sair do ninho". Além disso, Serres considera que ensinar e aprender é exposição.

Outros estudiosos parecem abordar a questão da encarnação do conhecimento por meio da alusão à Poesia, como veículo para que ela aconteça.

Um importante autor que trata da questão da linguagem e da poesia e de sua relação com o conhecimento é Gaston Bachelard (1938). O autor, além de Paz e Badiou, oferece os principais fundamentos para tratar desses temas. Portanto, farei freqüentes referências a esses autores, pois serão meus constantes interlocutores ao longo do trabalho.

O pensamento epistemológico de Bachelard, um dos principais filósofos de nossa época, dá-se em duas vertentes: a científica e a poética. O autor pensou a ciência (Bachelard "diurno") e debruçou-se sobre as imagens poéticas, a criação e o devaneio (Bachelard "noturno"), buscando estabelecer a relação do homem com o próprio saber.

Bachelard considera a poesia caminho de acesso ao conhecimento, sendo a palavra poética a forma discursiva que exprime e corporifica a experiência (imagem) poética.

Em sua obra *A poética do espaço* (1989, pp. 1-2), trata da imagem poética e a define como:

> [...] um súbito realce do psiquismo... [que] [...] não está sujeita a um impulso. Não é o eco de um passado. É antes o inverso: com a explosão de *uma* imagem, o passado longínquo ressoa de ecos e já não vemos em que profundezas vão repercutir e morrer. Em sua novidade, em sua atividade, a imagem poética tem um ser próprio, um dinamismo próprio... O poeta fala no limiar do ser [...] o poeta não me confere o passado de sua imagem, e no entanto ela se enraíza imediatamente em mim.

Ao abordar a questão da poesia, o pensamento de Paz (1996) converge com o de Bachelard (1989); Paz considera que a palavra imagem, em seu sentido psicológico, possui diversas significações como vulto, representação ou figura evocada ou produzida com a imaginação, entretanto, o significado da palavra imagem pode também ser uma forma verbal que compõe um poema:

> Estas expressões verbais foram classificadas pela retórica e se chamam comparações, símiles, metáforas, jogos de palavras, paranomásias, símbolos, alegorias, mitos, fábulas etc. Quaisquer que sejam as diferenças que as separam, todas têm em comum a preservação da pluralidade de significados da palavra sem quebrar a unidade sintática

da frase ou do conjunto de frases. Cada imagem [...] contém muitos significados contrários ou díspares, aos quais abarca ou reconcilia sem suprimi-los. (Paz, 1996, pp. 37-8)

A imagem poética, portanto, pode ser condensada em uma frase ou desenvolvida em muitas páginas, conjugando realidades opostas ou distanciadas entre si, atentando contra os fundamentos do pensar, sem aspirar à verdade, mas como possibilidade, já que contém a pluralidade de significados da palavra.

Ao discutir a imagem poética, Paz faz referências ao conhecimento proposto pelas doutrinas orientais, que não pode ser transmitido por meio de fórmulas e raciocínios. Para a tradição oriental a verdade é uma experiência pessoal e seu sentido é incomunicável; logo, o processo da verdade deve ser refeito por cada um.

Esse pensamento oferece mais uma vez uma alternativa ao paradigma racional, à medida que possibilita a construção do conhecimento enraizado na singularidade.

Para refazer o processo da verdade deve-se, segundo Paz, retornar a um tipo de consciência elementar ou original, "[...] onde os significados relativos da linguagem resultam inoperantes..." (1996, p. 44).

Paz afirma que a volta das palavras à pluralidadade de significados é o primeiro ato da operação poética.

Com relação às palavras, este autor considera que estas podem ser explicadas por outras palavras; que o sentido ou significado de uma frase é um "querer dizer". Já,

O sentido da imagem, pelo contrário, é a própria imagem: não se pode dizer com outras palavras. *A imagem explica-se a si mesma*. Nada, exceto ela, pode dizer o que quer dizer. Sentido e imagem são a mesma coisa. (*idem, ibidem*, p. 47) [grifo do autor]

Assim,

O poeta não quer dizer: *diz*. Orações e frases são meios. A imagem não é meio; sustentada em si mesma, ela é seu sentido. Nela acaba e nela começa. O sentido do poema é o próprio poema. [...]

O retorno da linguagem à natureza original, que parecia ser o fim último da imagem, é apenas o passo preliminar para uma operação ainda mais radical: a linguagem, tocada pela poesia, cessa imediatamente de ser linguagem [...]. O poema transcende a linguagem [...] o poema é linguagem [...], mas é também mais alguma coisa. Esse algo mais é inexplicável pela linguagem, embora só possa ser alcançado por ela. Nascido da palavra, o poema desemboca em algo que a transpassa. (*idem*, *ibidem*, p. 48) [grifo do autor]

Bachelard afirma, assim como Paz, que o ato poético não tem passado, pelo menos um passado próximo ao longo do qual pudéssemos acompanhar sua preparação e seu advento. Ele diz:

[...] como uma imagem por vezes muito singular pode revelar-se como uma concentração de todo psiquismo? Como esse acontecimento singular e efêmero que é o aparecimento de uma imagem poética singular pode reagir – sem nenhuma preparação – em outras almas, em outros corações, apesar de todas as barreiras do senso comum, de todos os pensamentos sensatos, felizes em sua imobilidade? (Bachelard, 1989, p. 3)

E encontra na fenomenologia a resposta:

Só a fenomenologia – isto é, a consideração do início da imagem numa consciência individual – pode ajudar-nos a reconstituir a subjetividade das imagens e a medir a amplitude, a força, o sentido da transubjetividade da imagem.

Todas essas subjetividades, transubjetivadas, não podem ser determinadas definitivamente. A imagem poética é, com efeito, essencialmente variacional. Não é, como o conceito, constitutiva. (*idem*, *ibidem*, p. 3)

Badiou (1994, p. 75), ao fazer referência à fenomenologia da criação poética, afirma que a palavra poética rompe a cisão sujeito–objeto ao interromper o argumento. Ela mobiliza o inacessível ao argumento, à lógica, à demonstração:

> O poema é um ponto de suspensão. Ele suspende a língua sobre si mesma. Contra a obscenidade do "tudo ver", e "tudo dizer", e tudo mostrar, e tudo saber, e tudo comentar, o poema é o guardião da decência do dizer [...] ele é um delicado tocar das possibilidades da língua. (*idem, ibidem,* p. 77)

Para Badiou, portanto, existe um pensamento-poema e não um conhecimento, pois o poema não tem objeto, parte de sua operação visa renegar o objeto. "Tal é o cerne da experiência poética como experiência de pensamento: aceder a uma afirmação de ser que não se dispõe como uma apreensão de objeto" (*idem, ibidem,* p. 78).

O autor questiona ainda o que seria uma experiência sem objeto: "[...] o pensamento de um poema só começa para além de uma completa desobjetivação da presença" (*idem, ibidem,* p. 80).

E Paz (1996, p. 44), assim como Badiou, aborda a desobjetivação: "[...] 'regressar ali onde os nomes não são necessários', ao silêncio, reino das evidências. Ou ao lugar onde os nomes e as coisas se fundem e são a mesma coisa: à poesia, reino onde nomear é ser".

Assim como Barthes, Paz e Badiou, Bachelard também afirma que:

> [...] na imagem poética, a dualidade do sujeito e do objeto é irisada, reverberante, incessantemente ativa em suas inversões [...]. Em sua simplicidade, a imagem não tem necessidade de um saber. Ela é a dádiva de uma consciência ingênua. Em sua expressão, é uma linguagem de criança. (1989, p. 4)

O pensamento de Bachelard, portanto, oferece uma alternativa de acesso ao conhecimento coerente com a atitude fenomenológica da Gestalt-terapia, como também faz Paz (1986, p. 178), ao dizer que:

> [a palavra] [...] o poeta não a tira de si. Tampouco vem do exterior. Não há exterior nem interior, como não há um mundo diante de nós: desde que somos, somos no mundo e o mundo é um dos constituintes de nosso ser. E outro tanto ocorre com as palavras: não estão nem dentro nem fora, senão que são nós mesmos, formam parte de nosso ser. São nosso próprio ser. E por ser parte de nós [...] são dos outros: são uma das formas de nossa "outridade" constitutiva. [...] O poeta não escuta uma voz estranha, sua voz e sua palavra são as estranhas: são as palavras e as vozes do mundo, as que ele dá novo sentido [...]. A palavra poética é revelação de nossa condição original porque por ela o homem efetivamente se nomeia outro, e assim ele é, ao mesmo tempo, este e aquele, ele mesmo e o outro.

Paz, nesse trecho, aborda a questão da palavra poética que revela a alteridade, que surge na intencionalidade da consciência, que não pertence a um lugar (interior ou exterior) ou a um tempo passado, mas que é movimento:

> A inspiração é uma manifestação da "outridade" constitutiva do homem. Não está dentro, em nosso interior, nem atrás, como algo que de pronto surge do passado, mas que está, por dizê-lo assim, adiante: é algo (ou melhor: alguém) que nos chama a ser nós mesmos. E esse alguém é nosso si mesmo. E na verdade a inspiração não está em nenhuma parte, simplesmente *não está*, nem é algo: é uma aspiração, um ir, um movimento adiante [...] Assim, a criação poética é um exercício de nossa liberdade, de nossa decisão de ser [...] é o ato pelo qual vamos mais além de nós mesmos, para ser mais plenamente. (*idem*, *ibidem*, p. 179) [grifo do autor]

Fazendo uma analogia com o trabalho pedagógico, há muitos momentos também na relação professor–aluno, em que a criação poética faz-se presente, na revelação que se dá no encontro:

A revelação de nossa condição é, [...] criação de nós mesmos [...]. Nossa condição original é, por essência, algo que sempre está fazendo-se a si mesmo. [...] quando a revelação assume a forma particular da experiência poética, o ato é inseparável de sua expressão. A poesia não se sente: se diz. Quero dizer: não é uma experiência que se traduz em palavras, as palavras mesmas constituem 'o núcleo da experiência. A experiência se dá como um nomear aquilo que, até não ser nomeado, carece propriamente de existência. (*idem, ibidem*, p. 157)

Observo, portanto, que poetizar é uma das possibilidades do trabalho do professor, ao criar com palavras, nomear, revelar-se outro para si mesmo, que impacta o aluno participante da revelação.

Poetizar consiste [...] em nomear [...]. Poetizar é criar com palavras: fazer poemas. O poético não é algo dado, que está no homem desde o seu nascimento, mas algo que o homem faz e que, reciprocamente, faz ao homem. O poético é uma possibilidade, não uma categoria *a priori* nem uma faculdade inata. [...] Ao nomear, ao criar com palavras, criamos o que nomeamos, que antes não existia senão como ameaça, vazio, e caos. (*idem, ibidem*, p. 167)

A partir do estudo do pensamento de Paz, Loffredo (1994) conclui que:

[...] a presença da poesia numa obra é o que diferencia a obra de arte do utensílio, a técnica da criação, pois cada poema é único, criado por uma técnica que termina junto com a criação. A técnica poética não é transmissível, desde que feita de invenções que só servem para seu criador. O poema, mais do que uma expressão literária, é o lugar de encontro entre a poesia e o homem. E a experiência poética, embora vivida no poema e por ele provocada, não se restringe a ele. (p. 110)

A autora, ao estudar a obra de Paz, define então poesia: "O elemento distintivo que permite diferençar técnica de criação, utensílio de obra de arte" (Loffredo, 1994, p. 111).

Fazendo uma analogia, portanto, entre o pensamento de Badiou, de Figueiredo, de Loffredo, de Paz e de Serres, considero que, no contexto pedagógico, a fala poética é o próprio confronto com a alteridade, ou seja, quando o professor ao revelar-se outro para si mesmo em sua criação, bem dizendo e bem vivendo o momento, lança-se fora de si, abrindo uma fenda na experiência do aluno, que pode "escorregar" para o lugar mestiço.

Esse ponto de suspensão, perturbação e estranhamento revela ao aprendiz que também é diferente, outro para si mesmo e para os outros, o que o provoca, instiga, desloca e o traz de volta, transformado. Pois, "[...] só há experiência onde há diferença e onde novas experiências são engendradas" (Figueiredo, 1992a, p. 18).

Essa não é a experiência de mobilização, de desprendimento dos próprios referenciais que possibilita o desenvolvimento pessoal do aluno de Psicoterapia? Sendo o confronto com a alteridade a característica do trabalho do psicoterapeuta, o aluno pode, desde sua formação, ser mobilizado para construir o que Figueiredo denominou "habitar confiado". Lançar-se fora de si, arremessar-se no instante, confrontar-se com a alteridade em si e no outro permite, paradoxalmente, a construção de um espaço de acolhimento para experiências desalojadoras de confronto com a alteridade, com a diferença, o que vivenciará cotidianamente na prática clínica.

O estar junto com o cliente pressupõe certo conforto *com* ou a apreciação da diferença, que promove contato e crescimento, função primordial do psicoterapeuta na abordagem gestáltica.

O ato poético como confronto com a alteridade é essa experiência de transcendência de nossa condição, ferramenta básica para o fazer terapêutico:

> Todos os homens, por graça de nosso nascimento, poderemos aceder a essa visão e transcender assim nossa condição. Porque nossa condição exige ser transcendida e só vivemos transcendendo-nos. O ato poético mostra que ser mortais não é senão uma das caras de nossa condição. A outra é: ser viventes. O nascer contém o morrer [...]. Entre nascer e morrer a poesia nos abre uma possibilidade, que não é a vida eterna das religiões nem a morte eterna das filosofias, senão um viver que implica e contém o morrer [...]. A experiência poética é um abrir as fontes do ser. Um instante e jamais. Um instante e para sempre. Instante em que somos o que fomos e seremos. Nascer e morrer: um instante. E esse instante somos vida e morte, isto e aquilo. (Paz, 1986, pp. 154-5)

Na literatura gestáltica, Perls, Hefferline e Goodman (1997) também abordam a questão da verbalização e da poesia, reservando um capítulo dessa obra para sua discussão. Os autores consideram

> [...] a "personalidade" uma estrutura de hábitos de fala [...] um ato criativo dos segundos e terceiros anos; a maior parte do pensamento é uma fala subvocal; convicções básicas são de maneira importante hábitos de sintaxe e estilo; e é provável que quase toda avaliação que não se derive diretamente de apetites orgânicos seja um conjunto de atitudes retóricas. (p. 129)

E afirmam que "[...] o contrário da verbalização neurótica é uma fala criativa e variada; não é nem a semântica científica nem o silêncio; é a poesia" (*idem, ibidem*, p. 130).

A fala constitui um contato satisfatório quando retira energia de uma estrutura das três pessoas gramaticais e cria essa estrutura: Eu, Tu e Isso; quem fala, a pessoa com quem se fala e o assunto a respeito do qual se fala; quando há uma necessidade de comunicar algo. Assim,

> [...] a poesia [é] uma arte refinada [e] se diferencia da fala comum plena de contato e se contrastam com a verbalização neurótica.
> O poema é um caso especial de boa fala. Num poema, como em outros tipos de boa fala, as três pessoas, o conteúdo, a atitude e o caráter, e o tom e o ritmo, expressam mutuamente um ao outro, e isto produz a unidade estrutural do poema [...] a atividade de falar do poeta [...] é "um fim em si mesmo" [...] o caso do poeta é o caso específico no qual o problema é resolver um "conflito interior" [...] o poeta concentra-se em alguma fala subvocal inacabada e seus pensamentos subseqüentes; por meio do jogo livre com suas palavras atuais, ele finalmente termina uma cena verbal inacabada, ele de fato profere a queixa, a denúncia, a declaração de amor, a autocensura que deveria ter proferido... (Perls, Hefferline e Goodman, 1997, p. 131)

Para os autores, o Tu não é uma pessoa visível, mas uma "audiência ideal", que significa assumir a atitude que deixe a fala inacabada fluir com precisão e força. O conteúdo não é uma verdade atual de experiência a ser transmitida, mas ele encontra na experiência, memória ou fantasia um símbolo que o excita sem que precise conhecer seu conteúdo latente.

À medida que as palavras se formam o poeta pode manter *awareness* silenciosa da imagem, do sentimento, da memória etc., das atitudes, da clareza e responsabilidade verbal; as palavras são plasticamente destruídas e combinadas de modo que produzam uma figura mais vital.

> A poesia é, portanto, o contrário exato da verbalização neurótica, pois é a fala como uma atividade orgânica que soluciona problemas, é uma forma de concentração, enquanto a verbalização é uma fala que tenta

dissipar a energia do ato de falar, suprimindo a necessidade orgânica e repetindo uma cena subvocal inacabada, em vez de concentrar-se nela. (Perls, Hefferline e Goodman, 1997, p. 131)

A poesia distingue-se da fala plena de contato comum:

[...] um poema resolve um problema que pode ser resolvido somente pela invenção verbal, ao passo que a maior parte da fala se dá em situações em que a solução exige também outros tipos de comportamento, a resposta do ouvinte, assim por diante [...] na poesia, o ato de falar tem de ser o portador de toda a realidade – a vitalidade da fala é acentuada: ela é mais rítmica, mais precisa, mais plena de sentimento, mais plena de imagens, etc. e, o mais importante, um poema tem um começo, um meio e um fim; ele acata a situação. (*idem, ibidem*, p. 132)

Pode-se observar, então, que o pensamento de Perls, Hefferline e Goodman converge com o dos demais autores citados, pois todos consideram a poesia uma possibilidade de acesso ao conhecimento, como um acatar o instante, como forma de concentração.

Além disso, esses autores demonstram, nos primórdios da abordagem gestáltica, a preocupação com a questão da fala integrada, da conexão do pensamento e da verbalização à experiência vivida, como um dos aspectos fundamentais da Gestalt-terapia, por vezes distorcido (por meio da dicotomia teoria–experiência) nos textos que tratam da abordagem, mas importante de ser resgatado para quem pretende apresentá-la de modo coerente com seus próprios pressupostos.

PARTE III

6

O Método

A escolha do método

A escolha do método fenomenológico de pesquisa, baseado num paradigma compreensivo, deu-se em virtude de sua coerência com a abordagem fenomenológica por mim utilizada em meu trabalho pedagógico e terapêutico, e por permitir a descrição de processos. Nesse caso específico, a verificação quanto à incorporação do conhecimento à singularidade de cada aluno na formação como gestalt-terapeuta, a partir da compreensão do significado das experiências em sala de aula.

Essa pesquisa, portanto, não visa à quantificação mediante comparações entre "antes e depois" ou entre um grupo experimental e outro de controle, uma vez que a pesquisa quantitativa não permitiria compreender os processos relativos à encarnação do saber na relação com os alunos.

Assim sendo, a natureza de meus questionamentos sugere o método fenomenológico (um método qualitativo), fundamentado no paradigma compreensivo de pesquisa, como meio para a compreensão dos fenômenos por mim pesquisados no contexto escolar.

A avaliação, dessa forma, será realizada internamente, do grupo de sujeitos com ele mesmo, sendo que pretendo apontar acontecimentos relacionando-os a aspectos considerados relevantes à apresentação da Abordagem Gestáltica. Assim, convido o leitor a refazer comigo o caminho da análise, deixando-o aberto à discussão.

O paradigma compreensivo de pesquisa e o método fenomenológico

Lather (1992, p. 89) estabelece os diferentes paradigmas de investigação científica utilizando a nomenclatura "Pós-positivistas" para os diferentes tipos de pesquisa encontrados nas Ciências Humanas, nas quais o foco é o mundo construído, em vez do mundo descoberto, como no paradigma preditivo.

Cada paradigma, portanto, oferece diferentes abordagens de pesquisa para gerar e legitimar o conhecimento. São eles:

Preditivo	Compreensivo	Emancipatório	Desconstrutivo
Positivista	Interpretativa	Crítica	Pós-estrutural
	Naturalística	Neomarxista	Pós-moderna
	Construtivista	Feminista	Pós-paradigmática
	Fenomenológica	Específica-racial	(diáspora)
	Hermenêutica	Orientada para práxis	
	Simbólica	Freireana	
	Interação	Participante	
	Microetnografia		

132

Lather (*idem*, p. 90) esclarece que os termos quantitativo e qualitativo referem-se a um discurso relativo ao método de pesquisa, e não à sua metodologia ou ao paradigma.

O paradigma utilizado nessa pesquisa é, portanto, o compreensivo bem como a pesquisa fenomenológica, a qual busca o significado dos acontecimentos no universo dos sujeitos. Assim, como pesquisadora, estou inserida no contexto da pesquisa.

Ao contrário do paradigma preditivo e da investigação positivista que busca explicação e previsão, nessa investigação pretendo desvelar o caminho de busca de significados por mim percorrido, oferecendo ao leitor uma ótica possível para observar seu próprio trabalho. A seguir, abordarei sinteticamente as principais características do método qualitativo de pesquisa utilizado no contexto escolar, visto ter sido o método escolhido para essa investigação.

Ao abordar as investigações educacionais, André (1995, p. 17) assim define a abordagem qualitativa de pesquisa:

> [...] é o estudo do fenômeno em seu acontecer natural. Qualitativa porque se contrapõe ao esquema quantitativista de pesquisa (que divide a realidade em unidades passíveis de mensuração, estudando-as isoladamente), defendendo a visão holística dos fenômenos, isto é, que leve em conta todos os componentes de uma situação em suas interações e influências recíprocas.

Essa abordagem tem suas raízes na fenomenologia que

> [...] enfatiza os aspectos subjetivos do comportamento humano e preconiza que é preciso penetrar no universo conceitual dos sujeitos para poder entender como e que tipo de sentido eles dão aos acontecimentos e às interações sociais que ocorrem em sua vida diária.
> O mundo do sujeito, as suas experiências cotidianas e os significados atribuídos às mesmas são, portanto, os núcleos da atenção da fenomenologia. (*idem*, *ibidem*, p. 18)

Tannuri (1998)[1] aponta para a importância da pesquisa qualitativa no contexto das Ciências Humanas:

> É importante salientar que essa forma de encarar a produção do conhecimento científico é fruto de um longo conflito para a superação dos modelos modernos de realizar pesquisa em ciências humanas, de uma tentativa de exploração da multiplicidade de interpretações do objeto de estudo, de uma forma diferente de captar as realidades do mundo, de um entendimento de como as realidades humanas, as visões de mundo e os valores são construídos.

Assim sendo, a escolha de um método de pesquisa qualitativo tem por objetivo compreender as realidades diversas, a construção de valores, retratando as manifestações dos sujeitos ao conhecer os significados por eles construídos, no aprendizado da Gestalt-terapia.

Levando-se em consideração, portanto, os fundamentos fenomenológicos nos quais se baseia a presente pesquisa, faz-se necessário salientar que a partir da perspectiva de campo, pesquisador e pesquisado fazem parte da situação. Assim, o pesquisador está imerso na realidade de pesquisa, no ambiente natural onde ela se realiza, com o qual estabelece relações dinâmicas e mutantes.

É, portanto, fundamental que o pesquisador possa revelar seus valores, objetivos, as trajetórias, tendências, teorias e hipóteses, visto que, como toda a pesquisa, a qualitativa é também tendenciosa. É necessário, assim, que o pesquisador explicite essas tendências.

Sobre o pesquisador qualitativo, Alves (1991, p. 56) afirma:

> [...] qualquer pesquisador, ao escolher um determinado campo (uma comunidade, uma instituição), já o faz com algum objetivo e algumas

---

1. Em apresentação no grupo de orientação coordenado pela profa. dra. Christina Cupertino, para a dissertação de Mestrado em Educação da Unip; dissertação não defendida (1998).

questões em mente; se é assim, não há por que não explicitá-los, mesmo que sujeitos a reajustes futuros; [...] dificilmente um pesquisador inicia sua coleta de dados sem que uma teoria esteja orientando seus passos, mesmo que implicitamente; nesse caso, é preferível torná-la pública.

Quanto ao volume de dados, na pesquisa qualitativa este costuma ser numeroso; por isso, os dados devem ser organizados e compreendidos mediante um processo contínuo que procura

> [...] identificar dimensões, categorias, tendências, padrões, relações, desvendando-lhes o significado [...] o pesquisador vai procurando tentativamente identificar temas e relações, construindo interpretações e gerando novas questões e/ou aperfeiçoando as anteriores, o que, por sua vez, o leva a buscar novos dados, complementares ou mais específicos, que testem suas interpretações, num processo de "sintonia fina" que vai até a análise final. (Alves, 1991, p. 60)

Portanto, as categorias de análise dos dados devem ser construídas ao longo da pesquisa, com base num diálogo com a teoria e um transitar constante desta para os dados e vice-versa, em vez de serem impostas *a priori*.

O papel da teoria na realização da pesquisa é fundamental, uma vez que está intimamente relacionada à formulação do problema e à delimitação das questões norteadoras.

As hipóteses são flexíveis, podendo sofrer alterações ao longo do trabalho em virtude de sinais que promovam novas articulações, novas óticas de observação e hipóteses.

Na fase final da pesquisa, ao sistematizar os dados, a teoria pode então oferecer suporte às interpretações que são construídas com base na coleta de dados e em razão destes.

Assim sendo, pela utilização do método fenomenológico e da técnica da observação na presente pesquisa, busco capturar a perspectiva dos alunos ao descrever suas ações que sinalizam a incorporação do conhecimento à experiência, reconstruindo sua linguagem, as formas de comunicação e os significados criados e recriados no fazer pedagógico.

Em vez de comprovar teorias ou fazer generalizações, busco nesse tipo de pesquisa descrever a situação na sala de aula, compreendê-la e acompanhar a constituição dos significados, deixando para o leitor a decisão acerca da generalização das interpretações realizadas, com base em seus fundamentos teóricos e sua plausibilidade.

Procuro trazer à luz processos, da forma que eles se apresentam, que possam sugerir intervenções de aprendizado, revelando-os. Para tanto, utilizarei trechos de discursos, descrevendo-os, comentando-os e fazendo uma articulação com as concepções explicitadas anteriormente.

Procuro revelar, desse modo, minha experiência pessoal e evidenciar o caminho de meu pensamento, no sentido de apreender da relação professor–aluno o que apresentou um caráter de aprendizagem, de forma que o leitor possa acompanhar e generalizar para sua própria experiência docente.

Assim, essa investigação é uma obra aberta, que visa oferecer ao professor de Gestalt-terapia referências para a possibilidade de abertura para a mobilização do aluno, objetivo do trabalho pedagógico nessa abordagem.

O ambiente

A pesquisa foi realizada com alunos matriculados no Curso de Especialização em Gestalt-terapia do Instituto Sedes Sapientiae, localizado na cidade de São Paulo, que oferece diversos cursos de extensão e especialização para profissionais da área de Saúde e Educação.

O curso tem a duração de três anos e é composto por 22 disciplinas semestrais, ministradas por diferentes professores que se repetem ao longo da especialização.

A coleta de dados foi realizada no segundo semestre de 1997, na disciplina intitulada Teoria da Gestalt I, que tem por objetivo apresentar aos alunos os conceitos básicos da abordagem, sendo ministrada no primeiro ano do curso. As aulas foram realizadas em uma sala composta por carteiras individuais, dispostas ora em círculo, ora em minicírculos (para trabalhos com subgrupos).

Os sujeitos

Entrei em contato com os alunos no início do semestre letivo com a finalidade de expor os objetivos dessa pesquisa, ou seja, compreender os processos de ensino–aprendizagem na sua formação como gestalt-terapeutas.

Fiz o convite para que participassem dessa investigação, confirmando-lhes o direito de não participarem caso não estivessem disponíveis, assegurando-lhes o sigilo quanto à sua identidade.

Os sujeitos não foram por mim diretamente selecionados, uma vez que foram aprovados num exame de seleção para o ingresso no Curso de Especialização em Gestalt-terapia, formando assim uma classe.

Assim sendo, o número de sujeitos foi determinado da mesma maneira, já que todos os alunos da turma aceitaram o convite para participar da pesquisa. São, portanto, 16 alunos, em sua maioria recém-formados (até cinco anos) em Psicologia.

A seleção desses sujeitos ocorreu em virtude de serem iniciantes no processo de formação em Gestalt-terapia, aos quais tenho acesso e que passam pelo processo de aprendizado tendo-me como uma de suas professoras.

Foram feitas gravações de 13 aulas da disciplina acima citada, das quais foram selecionadas três aulas e delas extraídos trechos considerados relevantes para o desenvolvimento da investigação.

A coleta de dados

Tendo em vista a natureza qualitativa desse estudo, os dados foram coletados por meio de gravações das aulas ministradas. Estas ocorreram de agosto a novembro de 1997, no período noturno.

Ao entrar na sala e cumprimentar os alunos, o gravador era acionado, sendo desligado ao término da aula.

A escolha da gravação como meio para coleta dos dados deu-se em virtude do tempo de duração das aulas – uma hora e 45 minutos –, sendo, portanto, extensas. Por ser difícil captar de forma completa a complexidade e a quantidade de dados, optou-se pela gravação como forma de garantir maior fidelidade dos discursos e diálogos.

A cada aula, o material era integralmente transcrito, sendo que os trechos incompreensíveis, em virtude de ruídos, falas inaudíveis, simultâneas ou burburinhos, foram sinalizados no decorrer da transcrição. Além disso, o nome de cada aluno foi substituído por uma letra (A: a mesma para todos os alunos) e um número (um para cada aluno), para terem sua identidade preservada. Essa letra e o respectivo número mantiveram-se os mesmos durante todas as transcrições. Nos casos em que não pude identificar o aluno falante, utilizei apenas a letra para referir-me a ele. A identificação de minhas falas foi feita por uma letra diferenciada da utilizada para os alunos (P).

Cada aula foi identificada pela data em que foi ministrada, para facilitar o retorno ao material integral quando necessário.

Após a transcrição foram feitas inúmeras leituras, na busca de um sentido para as falas, sendo selecionadas previamente as consideradas relevantes ao revelarem a experiência de incorporação de conhecimento.

Foi possível, assim, estabelecer as comunalidades contidas no discurso dos alunos, que se revelaram com maior ênfase.

Em seguida foram agrupados trechos de falas com um tema comum que sintetizasse os conteúdos dos mesmos trechos.

Por fim, foi realizada a análise dos temas emergentes, para dar a conhecer as possibilidades de incorporação do conhecimento na formação do gestalt-terapeuta.

O referencial de análise

O processo de análise utilizado nessa investigação baseou-se, como já mencionado, na análise temática de três aulas extraídas de um total de 16. Destas, três aulas foram destinadas à apresentação do curso, à devolução e à discussão de trabalho final e à auto-avaliação dos alunos e à avaliação da disciplina, respectivamente. Em virtude de não se caracterizarem como aulas propriamente ditas, foram desprezadas deixando disponíveis 13 aulas.

A escolha das três aulas analisadas deu-se em virtude dos seguintes critérios, por ordem de importância:

- a qualidade da gravação e, conseqüentemente, da transcrição;
- a variedade de recursos pedagógicos utilizados numa mesma aula (discussões, exposição, exercícios, textos).

As aulas foram, então, gravadas e transcritas e a partir das transcrições de inúmeras leituras e da audição repetida das gravações iniciou-se o processo de análise temática. Explicitarei e descreverei adiante as etapas da análise realizadas e construídas ao longo do processo.

Durante as inúmeras leituras do material transcrito, fui identificando o aparecimento de temas nos discursos. Essa busca concentrou-se ora em trechos mais longos de diálogo, ora em falas isoladas, ora em trechos de falas, a partir da identificação de momentos considerados representativos dos processos de aprendizagem, na tentativa de extrair perspectivas possíveis para a análise.

Nessa fase inicial, o texto foi tratado de maneira minuciosa para identificar os diferentes processos em curso em minha experiência e na do aluno.

Posteriormente, foi possível apresentar as categorias ou os temas definidos por agrupamento em razão dos caracteres comuns desses elementos. Cada agrupamento recebeu uma identificação temática, que representou os aspectos centrais dos trechos ali contidos. Assim, foram estabelecidas cinco categorias temáticas com seis subtemas.

A seguir, apresento no processo de análise trechos de aulas transcritos, que serviram como material para o presente estudo.[2]

---

2. O material selecionado é transcrito na íntegra, em Anexo.

PARTE IV

7

O processo de análise

> *A palavra: desvio necessário, encanto desatinado, avesso arrevesado – tentativa. Impressão, expressão. Também, formas de pressão. Encobrimento, desvelamento. Súbita nudez. Impossível ser, sem ela. Possível não ser, com ela. Debruçar-me sobre a palavra. Eu que me embaralho nelas, e nelas e por elas me esclareço. Mas isso só às vezes. É quando me vêm, ou as tenho, e elas me têm na medida, numa espécie de precisão sentida, vivida, deflorada e aflorada. São, porém, os raros momentos.*
>
> A cara e o rosto
> Ana Maria Loffredo

Ao iniciar o processo de análise, encontro em Bachelard a confirmação do processo vivido nessa etapa do trabalho: "Mesmo na mente lúcida, há zonas obscuras, cavernas onde ainda vivem sombras. Mesmo no novo homem, permanecem vestígios do homem velho" (1996, p. 10).

A "zona obscura" revelou-se no encontro com os dados, que inicialmente pareceu fácil, como se eu compreendesse de imediato o que se passava na relação com os alunos. Essa aparente facilidade, entretanto, mostrou-se um obstáculo, a "sombra" a que se refere Bachelard, à medida que o trabalho exigia uma imersão sem a qual o sentido das experiências não poderia ser desvelado. A imersão fez com que a facilidade caísse por terra.

Serres (1993, p. 18) alerta, também, para o engano da facilidade aparente num processo de aprendizagem: "Tão real esse patamar, que às vezes engana: eis aí o cume onde começa a corrida, enquanto o debutante crê que ele finalmente esgotou seus obstáculos".

Deparei, então, com a obscuridade e com a necessidade de trabalhar arduamente na reforma de meu pensamento, apesar de desconhecer meu próprio processo de pensar. Esse foi um dos muitos impactos e muitas contrariedades experimentados na realização dessa pesquisa, pois precisei deter-me em minha própria irreflexão e ignorância. Instalou-se assim uma crise, fundamental na reforma de meu sistema de saber.

E faz-me sentido, então, a observação de Serres (*ibidem*, p. 19) quanto às dificuldades do processo de aprender: "[...] nada se passa sem este escorregão. Ninguém jamais se modificou, nem coisa alguma no mundo, sem se recuperar de uma queda".

Pesquisar, portanto, passou a ter realmente um sentido de aprendizagem, exigindo exposição, acarretando deslizes, riscos e estranhamento.

Percebo, então, que esse trabalho é a construção de um espírito científico que pressupõe a identificação e o contato com o que impede e bloqueia essa mesma construção. Ao seu final, talvez esses bloqueios sejam superados, talvez não. Mas se tiver conseguido explicitá-los, poderei estar trazendo algumas contribuições ao ensino e à pesquisa na abordagem gestáltica.

Compreendo, desse modo, o significado de realizar uma pesquisa que pretende explicitar quem é seu enunciador. Ela revela o pesquisador, como nos mostra Loffredo numa bela passagem:

> O que nos mobiliza para um trabalho, seja no campo da criação artística, seja naquele da ciência, é algo que nos inquieta, nos desequilibra, nos atiça. E que nos coloca numa certa tensão, essencial para promover o movimento. Uma tensão de flecha-no-arco, de inteligência atenta, de coração suspenso num suspense. Arqueiro, flecha, arco e alvo, um conjunto em sua singularidade. Porém, nunca se sabe onde esse movimento vai nos levar. Trata-se, pois, do desejo. *Vitalizado pelas nossas faltas, lacunas e hiatos, que nos movem na direção de contínuas superações de nós mesmos e de nossos sempre incompletos saberes.* (1994, p. 23) [grifo nosso]

Assim, mais uma vez, encontro-me com Bachelard e posso então integrar sua tese filosófica:

> [...] o espírito científico deve formar-se contra a Natureza, contra o que é, em nós e fora de nós, o impulso e a informação da Natureza, contra o arrebatamento natural, contra o fato colorido e corriqueiro. O espírito científico deve formar-se enquanto se reforma. (1996, p. 29)

Nesse processo de crise que anuncia uma provável reforma, a inquietação faz-me penetrar na obscuridade e motiva-me a superá-la: é o segundo momento, no qual o contato com os dados adquire uma nova e ainda desconhecida dimensão: o dado caracteriza-se como o "outro" desconhecido e diferente, que há em mim mesma como professora, nos alunos, em nossa relação, e na abordagem gestáltica, com sua concepção filosófica, teórica e metodológica.

Observo, então, alguns movimentos e certas condições do processo de aprendizagem que se desenvolve, buscando explicitar seu significado e comentando-os a seguir:

A disponibilidade e a exposição: condições para a escuta

No transcorrer de todo o processo é possível observar que a grande maioria dos alunos participa de forma ativa, ou seja, por meio de perguntas e relatos de experiência pessoal e profissional, e em resposta às solicitações feitas, sejam elas questões ou propostas de exercícios e experimentos.

A disponibilidade pode ser considerada uma forma de responsabilidade pelo seu próprio processo de aprendizagem, o que na abordagem gestáltica significa auto-suporte, fundamental para o livre fluxo do processo de crescimento. Além disso, "a disponibilidade, em seu grau mais 'estranho' é risco. É lançar-se no desconhecido, com medo, mas com curiosidade. É um imperativo que desaloja porque não há como evitar fazê-lo".[1]

As falas citadas a seguir demonstram as nuances do quanto se assume esse risco.

Como no relato da aluna:

P: Vamos lá?
Como é que foi a experiência, o fato de ter saído?
Alguém quer contar um pouco? Sem falar tanto do conteúdo, mas da experiência de observar...
A5: *Eu!* Eu fiquei surpresa com o que eu percebi, eu achei legal. Mas foi pouco tempo... (pausa)[2]

Nessa situação a possibilidade de arriscar-se aparece imediatamente; A5 quase salta fisicamente quando diz: "Eu!". A expressão em si conduz à surpresa que ela sentiu, e que não pôde esperar para contar.

---

1. Profa. dra. Christina Cupertino em comunicação pessoal durante o processo de orientação dessa dissertação, na Unip, 1999.
2. No processo de análise, as *falas em itálico* são utilizadas com o objetivo de facilitar a discriminação, por parte do leitor, do aspecto enfatizado.

No entanto, ela não completa esse movimento; logo contrapõe a ressalva do tempo, como se imaginasse possível a vivência da surpresa prolongada:

A5: Eu! Eu fiquei surpresa com o que eu percebi, eu achei legal. *Mas foi pouco tempo... (pausa).*

No trecho a seguir podemos observar a diminuição do risco:

A13: O nosso era degustar. Coisas que eu não havia percebido nesse movimento de comer... e hoje eu pude perceber. Tive uma percepção maior, no momento de tomar o suco e estar percebendo o que tinha no suco... o formato, a cor do alimento... é muito comum eu chegar e tomar um suco de frutas, mas hoje foi diferente eu chegar e tomar um suco de frutas... (pausa)

A aluna controla o risco. Está disponível, mas estabelece uma seqüência racional de degustação, expressa na fala organizada.

Já outra aluna distancia-se ainda mais, evitando o risco, controlando a situação:

A4: Eu fiquei com isso também, com a coisa da diferença...
P: E como foi pra você?
A4: Eu prestei atenção... Como é difícil pra mim ouvir sem falar... (risos)
Aí eu já saí falando, né? Aí eu pensei, vou ouvir minha própria voz. Aí eu peguei o celular e liguei pra mim mesma (ri), aí eu saí falando, né? (risos)

Em outra passagem, a aluna A6 corre o risco do mergulho, traçando um caminho nítido para compreender a experiência, descrevendo-a detalhadamente, e descobrindo o novo no mesmo:

A6: Então. Nós fizemos o movimento. No começo eu tava muito dentro, percebendo quanta coisa move mesmo, e os movimentos vão mudando, de acordo com o espaço... Se eu tô num lugar conhecido, eu estou mais solta... Se eu tô num lugar que eu não conheço, até o meu passo muda, ele fica... tem uma tensão, uma coisa de atenção, é a coisa da fronteira mesmo, se eu tô num lugar pequeno, eu tenho que contrair, eu diminuo meu passo...

Nos trechos citados é possível observar que alguns alunos lançam-se ao desconhecido assumindo o risco de acordo com suas possibilidades no momento, recolhendo-se ao seguro de acordo com suas necessidades.

De modo geral, entretanto, obtenho com facilidade respostas às indagações e propostas, o que dá à aula uma atmosfera dinâmica, como se formasse uma grande "roda de conversa" da qual todos, de algum modo, participam.

É possível notar, também, que algumas alunas envolvem-se mais diretamente nos diálogos, mas há uma alternância de participação. Em linguagem gestáltica, em cada momento, a relação figura-fundo transforma-se, dando fluidez ao movimento grupal. Como no trecho que segue:

A1: Eu percebi que...

A6: Mesmo o *terapeuta* não vai olhar do mesmo jeito, porque aquele encontro é único, as possibilidades que vão surgir daí são diferentes...

A1: Eu percebi que tem coisas nessa questão do olhar, às vezes, você olhar para determinadas coisas, eu acho que acaba sendo até meio *cultural*, você deve fazer de conta que não está vendo, então quando eu tento focar naquilo, eu vou olhar, eu vou romper ou quebrar essa regra, como é difícil olhar para aquilo que não deve ser olhado...

P: É, "o rei está nu!".

A1: É! Exatamente.

(burburinhos)

P: Vocês conhecem essa história? A criança gritava: "O rei está nu! O rei está nu!". As pessoas, "Imagina!, você está vendo coisas!".

Acho que é isso que a A1 está falando. Quer dizer, finge-se que não está acontecendo.

A5: Conta! Conta!

P: Essa história fala de um rei, que resolveu sair nu, só que ele era o rei, e ninguém podia apontar... *É uma metáfora.* Ninguém podia apontar um defeito ou expressar sua realidade, então, os seus súditos, numa passeata, agiam como se o rei estivesse vestido normalmente, ninguém se espantava, afinal, ele era o rei. Até que uma criança aponta e grita: "O rei está nu!".

O que acaba acontecendo? Tentam convencer a criança de que ela está imaginando coisas. A criança é a "louca".

Isto diz respeito a uma realidade que a gente vivencia desde criança, a gente é ensinado a desconfiar e deixar de ver o que está vendo.

A1: *É a desconfirmação, né?*

No trecho anterior por exemplo, pode-se observar que há participação minha e de duas alunas alternadamente; a fala de uma encadeia a fala da seguinte e a questão (a função de contato) na forma de conhecimento acumulado, inicialmente figura, permanece no decorrer do diálogo, como fundo. A primeira aluna (A6) aborda o tema da perspectiva do terapeuta, a segunda (A1), de uma perspectiva cultural, eu utilizo uma metáfora e a segunda aluna integra o conhecimento ao perceber e nomear a experiência relacional que pode obstruir o desenvolvimento da função de contato (desconfirmação). A questão relacional, que estava como fundo, aqui se torna figura, permitindo uma generalização do tema discutido (funções de contato), com ganho de complexidade e ampliação dos significados atribuídos aos conceitos.

Nesse outro trecho, sigo o caminho apontado pela aluna A1, ao tornar figura a questão relacional no desenvolvimento das funções de contato, confirmando, assim, sua própria percepção:

P: *É. É a desconfirmação, que vocês vão estudar mais pra frente. É como a criança que cai, se machuca, diz que dói, e falam pra ela: "Imagina! Não doeu! Não foi nada!", ou como a criança que chega pra mãe e diz: "Vocês estão brigando!". E ouve: "Não, aqui não tem ninguém brigando! Só estamos conversando!".*

(risos)

Porque é lógico que a voz dos pais muda, e olha como a criança tem percepção disso! Ela ouve o aumento do volume da voz, a velocidade da fala, e diz que eles estão brigando e ouve que só estão conversando. Em outras palavras, "a louca é você".

A14: *Tem até mudança na expressão facial...*

A6: Isso gera alienação na criança... a criança fica alienada, aí tem que procurar terapia depois de uns anos...

P: Os pais às vezes fazem isso com boa intenção; e é por desconhecimento e por não saberem também que estão invalidando a percepção da criança.

Outro aspecto observado, ainda no que diz respeito à dinâmica figura-fundo, é quanto aos aspectos da experiência que são focalizados a cada momento: ora o autor, ora o conceito, ora o caso clínico, ora a experiência pessoal do aluno, ora a experiência presente, são focalizados e delineados em razão do contexto pedagógico e tendo o tema em questão como fio condutor que integra esses diferentes pontos.

Como nos trechos a seguir:

O CONCEITO

P: Na aula passada, nós trabalhamos bastante com o conceito de fronteira-de-contato...

Nós vimos que o contato e a retração são as funções mais importantes da personalidade. Por quê?

Porque é através do contato que nós satisfazemos as nossas necessidades e assimilamos o que é nutritivo, e rejeitamos o que é tóxico...

A fronteira-de-contato é o órgão dessa relação indivíduo–ambiente, e é o que nos delimita, o que nos protege, é o que diferencia o eu e o não-eu.

Isso tá tranqüilo pra todo mundo? (pausa)

A6: Tá...

O AUTOR

O Fritz dizia: "O neurótico é aquele incapaz de perceber o óbvio". Ou seja, ele não vê o óbvio, não escuta o óbvio, não experimenta...

Perls deu muita importância aos sentidos...

O CASO CLÍNICO

P: Vou dar um exemplo. Uma cliente uma vez me disse, ela estava falando, falando, falando, ela olhava para o chão, ela fica muito de olhos fechados. Aí chegou uma hora que ela falou que eu tava rindo dela.

Eu disse pra ela que eu tinha a impressão de que ela estava falando de uma outra pessoa, que não eu.

E pedi que ela olhasse pra mim. E me contasse o que estava vendo. Qual a função de contato eu estava trabalhando? Que ela estava interrompendo?

A5: Olhar.

P: Ela estava olhando pra dentro dela. Ela estava falando de alguém que estava no mundo interno dela. Ela não estava falando de alguém que estava na frente dela.

A6: Ela não tava te vendo.

A EXPERIÊNCIA DO ALUNO

P: *Vocês têm alguma coisa pra dizer, pra acrescentar sobre a experiência que vocês fizeram?*

A?: (várias falas)

A2: Eu tentei ficar no bar olhando as pessoas, mas eu não consegui ficar parada, né? Aí saí andando pelo Sedes inteiro.

Descobri um monte de coisas que eu não via... um vaso de flor ali no canto. Percebi muita coisa que eu não tinha visto, ainda não... pessoas conversando... Mas, assim, de certa forma, me incomodou um pouco, porque, eu não conseguia olhar para as pessoas, não conseguia ficar parada olhando, aí eu saí andando. Eu sentia assim, que eu tava olhando as pessoas e tava incomodando, mas eu acho que... eu é que tava incomodada, né?

O AQUI-E-AGORA

P: Você está contando também da mobilização de energia. Quando você está presente, olha a energia que flui!

Olhem umas para as outras agora.

O que vocês observam?

(risos)

A10: Eu tô sentindo que eu tô queimando! Minhas mãos estão muito geladas e eu tô pelando aqui.

A?: A A6 tá vermelha.

A?: Eu também.

(risos)

P: Eu percebo que a maioria está. Inclusive eu.

(risos)

Estamos vivendo alguma confluência aqui!

(risos)

Eu tô percebendo que muitas de vocês estão coradas.

A10: E quem não está parece que o olhar tá mais aberto.

P: É. A energia que é mobilizada, as emoções. O que isso tem a ver com a teoria do aqui-e-agora?

A disponibilidade, portanto, é condição necessária para que se dê a mobilização do aluno. Apresento-me também em muitos momentos disponível, favorecendo o movimento do aluno ao dar-lhe a oportunidade de experienciar e compartilhar suas experiências, questionar e exercitar o seu próprio pensamento.

(Em outros momentos interrompo o aluno criando entraves, e isso será descrito adiante.)

A mobilização à qual me refiro também pode ser observada no trecho que segue:

(Peço para que os alunos se dividam em duplas e contem uns para os outros como se percebem e como percebem o colega. Peço para que façam afirmações começando cada frase com a palavra "agora",...)

P: Quem quer começar a comentar a experiência?

(burburinhos)

P: O aqui-e-agora está bom, né? Está quente?...

A6: Caliente...

P: Quem experimentou essa sensação de calor?

(Eu percebi que a maioria dos alunos estava com as "maçãs" do rosto ruborizadas, com exceção de duas alunas; eu mesma estava sentindo calor no rosto; a noite estava amena.)

A10: Eu.

A6: Eu. Mas ainda não é menopausa!

(risos)

P: Não, é o aqui-e-agora!

(risos)

Nesse trecho é possível observar a mobilização dos alunos, pela expressão e discriminação das sensações de calor experimentadas, pelos risos freqüentes e mediante o humor pertinente à situação. Além disso, pode-se perceber certa "demora" para fazerem os comentários, permanecendo assim no clima da experiência por certo tempo. Pareceu-me que solicitar os comentários (o que fiz várias vezes) promoveu uma nova mobilização, diferenciada daquela vivida no transcorrer do exercício. Como no trecho a seguir:

> P: Mais alguém experimentou?
> (burburinhos)
> A4: Eu.
> P: Então vamos lá.
> A13: Foi engraçado! Quando ela falava alguma coisa de mim, eu nem tinha percebido que eu tinha feito. Por exemplo: que eu olhava pra cima várias vezes, o que eu tava fazendo, né?
> Daí eu percebi o quanto eu olho pra cima, como mexo os olhos, as mãos. Que eu virava, que eu tava meio torta. Eram coisas que eu tava fazendo sem me dar conta. Eu tava olhando pra ela e a hora que ela falava, que eu dava uma paradinha, eu falava: "É mesmo!".
> P: E como foi pra você ouvir a A15 falando de como ela tava te percebendo?
> A13: É engraçado! Nossa! Olha quanta coisa que eu faço que eu não percebo! Os movimentos que eu tenho que eu não percebo. E eu fiquei pensando: imagina num dia inteiro, quanta coisa que eu faço sem perceber!

A aluna percebe com estranheza sua forma de movimentar-se, não percebida até então. Parece integrar também uma experiência vivida em seu processo terapêutico, semelhante ao vivido em sala de aula:

> P: Então foi meio surpreendente perceber quanta coisa você faz sem se dar conta...
> A13: É. E na quarta-feira eu venho da terapia pra cá, e *meu terapeuta pediu pra eu voltar numa fala minha, e eu insistia em falar de uma outra coisa... (Não ouço a gravação)... e aqui eu lembrei do que ele falou, e ria, né? De novo, eu tô fazendo igualzinho, né?*

Ainda com relação à mobilização do aluno como condição para a escuta, há, aqui, outro exemplo. No recorte de uma aula na qual trabalhava com a noção de "aqui-e-agora" era fundamental que o aluno pudesse experimentar o princípio em ação e, para tanto, sua disponibilidade de participar do exercício proposto pôde promover a mobilização, o estranhamento por dar-se conta de seu próprio modo de estar no momento presente e de como funciona na fronteira-de-contato.

Minha disposição em ouvir o aluno dá a ele a oportunidade de dar-se conta de sua forma de contatar e retrair-se, importantes funções da personalidade, e da importância de se estar *aware* da própria experiência, seja ela qual for, para dar-se conta de sua necessidade prioritária no campo indivíduo-meio e de sua forma de interação.

Faz-se importante ressaltar que o movimento do aluno é respeitado e que há limites para a exposição num contexto pedagógico, o que é um aspecto saudável de sua personalidade.

A disponibilidade, a exposição e os limites podem, então, ser observados no relato da aluna:

P: Quem mais quer falar?

A4: (tosse) (Teve vários acessos de tosse durante o exercício; pareceu-me uma tosse "nervosa"; antes do exercício fiz uma síntese da aula anterior e ela não tossia; ela saiu da sala antes do término do exercício e voltou.)

Pra mim ficou bem claro, quando eu tava fazendo (tosse), que é muito difícil perceber o que está acontecendo... porque a gente fica na teoria, mais no racional, e o que está acontecendo aí, né?

Te foge. Quando eu tô na terapia, às vezes eu falo: "Ah! Isso eu sei". Ah! Mas eu sei aqui (Aponta para a cabeça). Eu não sei aqui (Aponta para o peito).

Que nem no workshop do Paolo. Eu tava trabalhando um sonho e eu não tava falando tudo. E ele percebeu o que eu tava fazendo e perguntou: "Você se convenceu?". E eu disse sim. Era mentira, eu não tinha me convencido. (ri)

Mas já tava bom pro meu gosto. (tosse e ri).

E ele disse: "Mas você não me convenceu".

(risos)

Eu pensei: "Nossa! Como ele é inteligente!".

P: Não é só inteligência, é "awareness". É observar...

A4: É, ele tava vendo, percebendo. Aí então eu disse pra ele: "Ah! Você sabe o que que é... eu empaquei". Aí ele falou: "Mas não é assim então, né?".

E, assim, isso aconteceu muito comigo. Aqui tá acontecendo também. (tosse) Eu tava tossindo e eu não tinha me dado conta, que tava tossindo agora também... (Não ouço a gravação)

P: Acho que você pôde vivenciar que é diferente de saber...

A4: É. Não. Às vezes eu sei disso. Eu entro em contato com isso...

P: E como é pra você ter-se dado conta aqui?

A4: Ah! Eu acho interessante. (Faz uma expressão de desagrado e ri)

(risos)

P: *Olha que eu faço a mesma pergunta, hein?*

(risos)

A4: *Não, não. É que tá bom até aqui.*

Nesse momento, a fala da aluna parece adquirir uma conotação de responsabilidade, ao sinalizar o seu próprio limite de exposição. Percebo a incoerência entre a comunicação verbal e não-verbal, utilizando-me do humor para auxiliar a aluna a dar-se conta do que estava fazendo; a *awareness* acerca do movimento da aluna possibilita o respeito aos seus limites de exposição, assim como sua confirmação:

P: *Ah! Agora tá bom.*

Isso é muito importante. Parece que tem uma coisa do "deve". Precisa tomar cuidado para não criar um "deveria". Não é fácil mesmo a gente se dar conta de algumas experiências.

Sinalizo a importância de ficar com o que aparece, sugerindo à aluna que ela talvez esteja pressionando-se a continuar, até dar-se conta de seu limite e interagir de modo que o respeite e se faça respeitar. A fala "Não, não, é que tá bom até aqui" é sinal disso.

Voltando à noção gestáltica de auto-regulação organísmica e ajustamento criativo, a aluna parece interagir de modo novo e funcional (em relação à experiência descrita no *workshop*) ao expressar o seu limite de exposição após perceber, inicialmente, o seu modo de lidar com a experiência. Ela interage com o meio (expressa o limite), retraindo-se na fronteira-de-contato para suprir sua provável necessidade de proteção ou segurança.

Também estabeleço uma correlação entre o desalojamento e o "habitar confiado" a que se refere Figueiredo (1995b), pois a aluna parece ampliar a *awareness* de seus próprios referenciais (e da ausência destes) ao vivenciar a exposição e os seus próprios limites, recolhendo-se ao seguro, condição fundamental para poder arriscar-se.

A exposição pode ser observada, portanto, em falas que se dão a partir da experiência, e que serão analisadas adiante.

A repetição

Um aspecto que pode ser observado freqüentemente no decorrer das aulas é a repetição. Pode-se considerar a repetição uma característica necessária (mas não suficiente) do processo de aprender, já que pode favorecer a memorização e a assimilação de determinados conceitos, principalmente numa fase inicial, ou seja, no início do processo de conhecer, de incorporar o saber.

Percebo, entretanto, que a cada repetição de determinado tema, o aluno amplia sua *awareness* e sua capacidade de análise caminhando do simples para o complexo, estabelecendo correlações entre a experiência na sala de aula e seus atendimentos clínicos, seu próprio processo terapêutico e seu modo de ser e relacionar-se. Tanto que o processo de repetir flui com facilidade, pois parece estar acompanhado em algum nível pelo novo, que não acarreta enfado, e o dinamismo das discussões é preservado. É como se a cada repetição fosse dado um salto qualitativo, ou seja, o aluno parece atribuir significados mais amplos a um mesmo conceito ou enunciado.

Além disso, é possível observar que à medida que o aluno, pela repetição, reconhece que sabe, seu auto-suporte parece ampliar-se, o que pode ser percebido ao trazer com maior freqüência ao longo do processo suas experiências pessoais e seus próprios exemplos de atuação, trazendo a teoria permeando a fala, dando sentido a ela, sem que seja necessário explicitá-la; isso sinaliza um aumento de sua capacidade de exposição, de ganho de condições para arriscar-se, e em linguagem gestáltica, uma ampliação de suas fronteiras-de-eu.

Nos trechos a seguir é possível observar uma repetição nos temas abordados (principalmente "funções de contato" e o "aqui-e-agora") e a forma de abordá-los (exercícios e relatos de experiência). No entanto, há intervenções que sinalizam as diferentes dimensões cada vez mais complexas do processo de aprender.

Inicialmente, as alunas apresentam-se de forma mais impessoal, recolhem-se ao seguro, fazem poucas pontes e restringem-se ao tema abordado pairando em sua superfície. Obviamente esse é um processo natural no decorrer do aprendizado que se amplia à medida que o aluno começa a arriscar-se e que fala-se sobre o tema de diferentes maneiras e por diversas vezes. Por exemplo, nos trechos:

A16: É incrível como as duplas se encaixaram. *Eu sempre fiz isso, não é novidade... A gente tá acostumada... Eu ouço mais do que falo...* Então eu sempre presto muita atenção, né?

Aqui, retomo na escuta o tom da aluna ao dizer que não era novidade para ela a experiência de ouvir. Esse tom pareceu-me irônico, como se minimizasse a importância do exercício e a experiência de antemão já fosse conhecida, sem se dar conta do aspecto novo relacionado ao contexto em que se dava o ouvir. Revelando pouca disponibilidade para mobilizar-se ou compartilhar, parece apenas reafirmar a percepção de si mesma como alguém que ouve mais do que fala, permanecendo na superfície, sem oferecer ao grupo (ou a si mesma) o que a experiência lhe proporcionou, apesar de dizer que "sempre presta muita atenção". É importante esclarecer que esse foi um dos exercícios propostos no início do semestre, logo, seu recolhimento ao seguro parece fazer sentido nesse contexto.

No trecho seguinte, pode-se observar que outra aluna revela algo mais sobre si, porém seu relato é eminentemente racional, sem muita exposição, apesar de, com maior envolvimento na atividade e buscando fazer alguma ponte ("todos os sentidos funcionam equilibradamente").

A7: Comigo aconteceu uma coisa interessante. *Eu me acho extremamente olfativa... Eu identifico as pessoas pelo cheiro...* Só que na exploração eu me dei conta de que todos os *sentidos estão funcionando muito equilibradamente.* Até porque eu trabalho com estimulação sensorial...

No exemplo a seguir tratando do mesmo tema (as funções de contato), a aluna fala de sua experiência de modo mais pessoal, sendo que a teoria permeia a fala (fronteira-de-contato), que ganha em exposição e risco:

A6: Então. Nós fizemos o movimento. No começo eu tava muito dentro, percebendo quanta coisa move mesmo, e os movimentos vão mudando, de acordo com o espaço... Se eu tô num lugar conhecido, eu estou mais solta... Se eu tô num lugar que eu não conheço, até o meu passo muda, ele fica... tem uma tensão, uma coisa de atenção, é a coisa da fronteira mesmo, se eu tô num lugar pequeno, eu tenho que contrair, eu diminuo meu passo...

Outra aluna faz uma ponte entre um exemplo clínico e sua própria experiência durante o exercício; essa relação parece mais complexa que as anteriores e, além disso, a exposição e a percepção do "outro em si mesma" puderam também ser vivenciadas:

P: Um cliente conta que durante um passeio sentiu-se só, mas diz isso de modo rápido no meio de frases a respeito do que fez e seus detalhes. Peço que ele repita apenas a frase que disse "eu me sinto sozinho" várias vezes, procurando ouvir o que estava dizendo. Sua voz vai baixando de volume, ficando grave e com certo "peso". O ritmo da fala diminui.

A10: Quanto mais ele vai entrando em contato, vai ficando coerente, né? A solidão com o timbre de voz, o peso.

Isso foi uma coisa que eu senti no experimento que a gente fez.

Foi uma coisa interessantíssima o que aconteceu comigo e depois eu percebi. Porque num primeiro momento eu tava prestando atenção mais na voz da A9, né? *Eu fiquei assim superimpressionada com a coerência do conteúdo, com a linguagem, com a voz... o conteúdo com todo estilo de voz... estilo mais baixo, mais lento...* Aí eu fui me dar conta de como estava a minha voz pra ela. Eu fui tentar perceber a minha voz. E aí quando eu tava... quando eu tava escrevendo eu pensei: nossa! Que coisa, né? Assim eu tava sentindo que a minha voz tinha mais vitalidade que a voz dela, *mas eu tava encobrindo alguma coisa... minha voz não tava coerente!* Sabe? Foi muito interessante, um exercício e tanto!

A mesma aluna incorpora a técnica na sua fala e sinalizo essa incorporação para o restante do grupo:

P: Você também tá mostrando dois exercícios que a gente pode trabalhar em terapia. O primeiro é você poder perceber essa diferença entre a voz, o conteúdo, a entonação.

Nesse ponto, já é possível observar a repetição ganhando complexidade, o que se amplia nos trechos a seguir:

P: E como você se sentiu?

A2: *No começo eu tava ansiosa, mas eu não queria falar que eu tava ansiosa, né?*

P: Sei.

A2: *Acabei falando. Aí eu fui conversando, conversando, e quando eu percebi, a ansiedade tinha sumido.*

P: Olha que bonito que a A2 tá contando da experiência dela. Mostra inclusive a polaridade. Você quis começar dizendo que estava tranqüila, e tava difícil aceitar que estava ansiosa, e quando você assume que está ansiosa, você se tranqüiliza.

Nesse exemplo, a aluna relata a percepção do risco ao expor-se, aceita o risco e percebe-se, então, transformada. Traz a teoria permeando a fala, sem explicitá-la, já que a Teoria Paradoxal da Mudança de Beisser, que diz que a mudança ocorre quando a pessoa se torna o que é e não quando tenta ser o que não é, pode ser extraída de seu relato.

A aluna A5, por sua vez, remete-se à teoria, integrando o observado no relato da colega (A2):

A1: É que ela foi entrando em contato com a ansiedade.

P: E tomou consciência também. Quando você aceita o seu estado, você transita, e pode sair da ansiedade e experimentar tranqüilidade.

A5: Eu acho que assim... o aqui-e-agora... (Não ouço a gravação)... é a questão do risco.

P: Isso. Conta um pouco, A5, como você está vendo essa relação?

A5: *Ficar no aqui-e-agora é se colocar muito mais à mercê dos riscos.* É muito mais fácil ficar planejando, pensando no que eu vou fazer, se eu sou legal, na sua imagem, do que você ficar no aqui-e-agora. *Acho que a experiência dela fala disso. De assumir o risco.*

Sigo a relação estabelecida pela aluna remetendo-me ao texto de Perls sobre o "aqui-e-agora":

P: É que normalmente a gente vê o risco sempre como algo ruim, como sinal de perigo, como sinal de ameaça. *O Perls fala no texto: "Como vocês vêem o risco sempre com uma conotação de catástrofe?".* Ninguém na platéia falou do risco como algo que pode gerar uma experiência enriquecedora ou positiva. O que a A2 tá dizendo é justamente isso. Quando você se abre para a experiência, você realmente vive um momento de risco. Porque é desconhecido.

E A6 amplia a correlação entre o arriscar-se e a vivência do presente como condição de crescimento:

A6: *Mas é a única possibilidade de crescimento.*
P: É.
A6: Saudável.

É possível observar nessas passagens, portanto, a ampliação de significados atribuídos aos conceitos no processo de repetição ao qual me referi. As alunas partem de diversos pontos (experiência presente, texto, aulas anteriores, casos clínicos) para abordar o tema, caminham sozinhas e muitas vezes além da questão focalizada, integrando outros conceitos.

Por exemplo:

P: É aquilo que a gente viu no começo da aula. O pensamento causal é diferente do pensamento diferencial. Então não dá pra ficar comparando. Os princípios são diferentes, muitas vezes opostos. A natureza humana pra psicanálise é uma, pra gestalt é outra.

A2: (A fala é inaudível na transcrição. Fala de uma cliente que sofreu abuso sexual.) No aqui-e-agora como se trabalharia com essa criança?

Nesse ponto, a aluna traz para sua experiência cotidiana o que estava afirmado como abstração. Do geral, particulariza buscando maior entendimento mediante a especificidade do caso.

Outra aluna faz uma ponte entre a experiência da colega e a sua própria, retomando o processo de generalização:

A1: Eu atendi uma criança uma ocasião, e ela tinha sido abusada sexualmente, mas pra ela não tinha sido agressivo. Tinha sido para os pais. Ela não trazia que tinha sido agressivo pra ela.

O relato da aluna permite-me trazer um importante conceito da Gestalt-terapia (ajustamento criativo), que pôde ser explorado na especificidade do exemplo apresentado:

P: A gente precisa pensar que ela pode não ter consciência da agressão, do significado do que aconteceu. Isso pode aparecer de outra forma. A gente precisa pensar em termos de ajustamento criativo. O que essa criança está assimilando, rejeitando ou alienando?

Como ela passa a lidar, a fazer contato com homens, com as pessoas, se ela mudou, como está o contato com o próprio corpo, se está rejeitando algo em si mesma, como ela expressa suas necessidades, se joga fora o que é tóxico, como ela está vivendo tudo isso.

Uma nova aluna estabelece uma nova relação dos casos específicos com outro conceito:

A6: Eu fiquei com a coisa do paradoxo... (Não ouço a gravação) *ela tá protegendo alguma coisa, vai ter que proteger. Nesse sentido eu tava lembrando do trabalho de terapia de acolher.*
P: É. Sem jogar fora a defesa. Você está falando de prestar atenção...
A6: ... de como acontece o processo. Você está atendendo seu cliente...
P: E o que a A2 tá falando, é saudável que a menina se defenda?
A5: É.
A6: Pra ela é importante.
P: O que precisa tomar cuidado, o que acaba acontecendo...
A?: ... que ela generalize.

Esse ganho de complexidade nos relatos dos alunos exigiu, muitas vezes, um redirecionamento da discussão para preservar a proposta e os limites da disciplina, de modo que não a torne uma supervisão em grupo. Por outro lado, esse foi um sinal do processo de crescimento e aprendizagem em curso, a partir do ganho de exposição e aceitação dos riscos, da realização de pontes, questões, que também exigiam maior exposição de minha parte, e análises mais amplas e profundas dos próprios alunos.

Os relatos e suas diferentes dimensões

A fala a partir da experiência ou a fala plena de contato

As falas que se dão a partir da experiência sinalizam a mobilização dos alunos, a disponibilidade para serem perturbados; essa perturbação, por vezes, refere-se à mudança de perspectiva com a qual o aluno percebe a si mesmo, de forma não deliberada.

Essa fala amplia a *awareness* e revela abertura para o confronto com a alteridade; é denominada por Perls, Hefferline e Goodman (1997) "fala plena de contato", que é reveladora, que expressa a necessidade de comunicar algo, na qual a situação atual é considerada contexto para a solução de uma situação inacabada. Essa fala não tem função de argumento, pois se encerra em si mesma; sua função é a expressão, a comunicação. A expressão pode depender, muitas vezes, de meios não-verbais como o gesto e, portanto, o aluno pode interromper-se transformando a fala em comportamento não-verbal.

Na passagem citada a seguir, a aluna (A10) sinaliza o impacto vivenciado pela percepção de um aspecto seu até então desconhecido, da tensão provocada pela exposição, pela experiência de observar o outro a observá-la:

A10: Deixa eu contar como foi essa coisa de não-verbal.

Eu tava me expondo, né, falando de como eu tava me sentindo agora, aí surgiram muitos sentimentos fortes (eu percebi durante o exercício os olhos da aluna marejados). *E aí eu ia falando e eu tava mexendo os dedos assim* (mostra), *a minha mão, eu tava... aí elas olhavam pra mim e pra minha mão, e eu comecei a olhar pra mim e pra minha mão* (ri), *e aí eu fui me dar conta de que eu nunca tinha percebido, eu sempre mexia muito os dedos e eu não sabia por que, assim, e aí eu me dei conta de que quando eu tô tensa, eu mexo muito os dedos, e eu acabei de descobrir isso agora!*

A6: Isso emocionou muito a gente!

A10: Eu achava assim, ah! Eu não fiz minha mão, minha cutícula tá me irritando, ah! Esse cantinho, sabe? Maior mentira! (risos) Aí deu o maior calor!

P: Você teve awareness. Você vivenciou o mexer os dedos com awareness, e as colegas compartilharam, né?

A10: Foi muito forte pra mim, mesmo.

P: Você está contando também da mobilização de energia. Quando você está presente, olha a energia que flui!

É possível observar, também, que a experiência da A10 mobiliza as demais colegas, e uma delas relata como se deu essa mobilização e como aprendeu algo sobre si mesma, ou seja, sua experiência de confronto com a alteridade:

A6: A A10 tá falando e eu me lembrei da minha experiência aqui. Durante a fala dela, com a mobilização de energia, eu fiquei muito... *o meu primeiro canal forte foi o emocional, eu tava muito com ela... aí pra esfriar um pouco eu fui pro futuro, comecei a pensar em outra coisa e esfriou.* Fora daqui, e eu me dei conta, comecei a rir, e voltei, e percebi que fiquei presente de novo.

E eu tava aqui, aí eu percebi o quanto eu tava emocionada, que eu pude presentificar pra mim, aí elas falaram o que eu tava fazendo, e aí eu pude identificar, mesmo. Aí eu fiquei inteira... Mas eu fiz todo esse percurso! É medo!

P: Acho que isso é uma dica de como você lida com esta emoção.

A6: *É... primeiro bate aqui (Aponta o estômago), aí eu ponho aqui (Aponta a cabeça)... e depois, vai embora...*

P: Uma coisa importante que eu comentei algumas aulas atrás, é que é muito diferente você evitar com consciência e você evitar sem se dar conta do que você está fazendo. E a A6 está contando isso. Ela poderia ter feito isso, sem perceber que estava fazendo.

Assim ela pode aprender algo sobre e consigo mesma. Como ela lida com esta emoção, ou pelo menos, como ela lidou neste momento, o que não significa que se lide sempre assim.

A aluna A10, especialmente, expressa uma grande facilidade de articular seu pensamento, faz intervenções e análises pertinentes, participa verbalmente com muita freqüência, trazendo exemplos e questionamentos que revelam sua facilidade de assimilar conceitos. Essa situação revela o quanto a exposição foi mobilizadora para ela, que se permitiu penetrar na experiência de modo mais pessoal, reconfigurando a percepção de um aspecto de si mesma, sua expressão não-verbal.

No decorrer do semestre pude observar que essa aluna, que sempre se destacou por sua participação quando se referia ao outro (seja a teoria, o cliente, o autor), pôde gradativamente dar-se conta de aspectos de si mesma ainda não contatados: o outro em si mesma.

A abertura para a alteridade pode também ser observada nesse outro relato, já apresentado anteriormente e aqui retomado por um novo ângulo, no qual a aluna explora as nuanças de sua fala e a da colega:

A10: *... Eu fiquei assim superimpressionada com a coerência do conteúdo, com a linguagem, com a voz... o conteúdo com todo estilo* de voz... estilo mais baixo, mais lento... Assim eu tava sentindo que a minha voz tinha mais vitalidade que a voz dela, mas eu tava encobrindo alguma coisa... minha voz não tava coerente! Sabe? Foi muito interessante, um exercício e tanto!

Nessa passagem, a partir da observação do outro, ou seja, a colega e sua coerência, a aluna parece ter percebido um aspecto seu até então estranho, isto é, a incoerência em relação à sua comunicação verbal e não-verbal. Essa constatação pareceu surpreendê-la, ao deparar com "o outro" em si mesma, a partir da experiência de abertura para a alteridade, para o outro diferente (a colega, com quem ficou "superimpressionada").

Outra aluna, ao experimentar observar pessoas, pôde dar-se conta de suas dificuldades até então atribuídas a terceiros, ou seja, tornou-se *aware* de sua própria forma de evitar e de emoções, crenças e fantasias que dificultam experiências de contato com o outro, o que se revelou também uma experiência de confronto com a alteridade em si mesma:

P: Vocês têm alguma coisa pra dizer, pra acrescentar sobre a experiência que vocês fizeram?

A?: (várias falas)

A2: Eu tentei ficar no bar olhando as pessoas, mas *eu não consegui ficar parada*, né? Aí saí andando pelo Sedes inteiro. Descobri um monte de coisas que eu não via... um vaso de flor ali no canto.

Percebi muita coisa que eu não tinha visto, ainda não... pessoas conversando...

Mas, assim, de certa forma, me incomodou um pouco, porque, eu não conseguia olhar para as pessoas, não conseguia ficar parada olhando, aí eu saí andando. Eu sentia assim, que *eu tava olhando as pessoas e tava incomodando*, mas eu acho, que... *eu é que tava incomodada*, né?

Você colocou isso na aula passada, que eu achei importante, sobre o jeito de olhar. E eu percebi que é uma coisa minha mesmo, né?

Talvez as pessoas nem estivessem percebendo que eu tava olhando, mas eu é que tava me sentindo muito incomodada de olhar.

P: E eu acho que você percebeu alguma coisa nova sobre seu jeito de olhar... Como é que você olha...

Parece que você percebeu que olha com a sensação de que está invadindo, invadindo a privacidade da pessoa... Acho importante você ter-se dado conta.

A experiência foi bem isso, da gente se conhecer um pouco, de conhecer como a gente se comunica, como capta e transmite informações, de como filtra...

O que a A2 tá falando, gente, é muito importante, porque o olhar está sempre relacionado com nossas emoções, com nossos pensamentos, nossas dificuldades, as nossas defesas, medos, enfim, por isso se torna um jeito singular de olhar, né?

Então, acho que você está contando sobre o seu jeito.

A2: Então, por exemplo, *quando eu tava olhando, eu ficava imaginando que a pessoa ia pensar: "O que essa doida tá me olhando?", e então eu percebi que quando eu olho eu sinto uma certa tensão...*

Mas se nessas circunstâncias pode-se observar a mobilização e a fala a partir da experiência, há também nos relatos a presença da fala aparentemente pessoal, que parece não bifurcar em lugar algum. É o que Perls, Hefferline e Goodman (1997) chamam de "verbalização".

A fala aparentemente pessoal ou a verbalização

Esse tipo de fala presente no processo de aprendizagem caracteriza-se por um discurso que não revela o sujeito, mas o protege da revelação; é estereotipada, desprovida de envolvimento, sugere descompromisso e dissipa a energia do ato de falar. É uma fala que abstrai da situação uma porção escassa de possibilidades desta (Perls, Hefferline e Goodman, 1997, p. 132).

Ao contrário da fala a partir da experiência, a qualidade do contato consigo mesmo está empobrecida.

Como no trecho que segue:

A7: É interessante como todos eles trabalham de uma forma conjunta. Teve uma hora que eu não resisti, eu tive que falar para a A8:

"*Olha como essa folha tá crocante!*". E comecei a picar a folha. (risos) Aí ela veio. Eu tava lá picando a minha folha, *ouvindo um som gostoso*, e sentindo a maciez da folha... aí eu falei mesmo: "*Que folha gostosa!*". (risos)

É. De repente o olhar lança a gente pra algo atraente, o barulho também, né? Chama a atenção... Teve uma hora que eu tive vontade de correr. "*Tá tão bom, tão gostoso!*"

A8: É... gostoso.

A7: É... então assim, a gente acaba usando as outras funções quando usa uma...

A fala sobre

Um dos ingredientes do processo de aprendizagem é a fala *sobre*, que cria o terreno para que a apropriação ocorra ou não.

A fala *sobre* refere-se ao discurso do conhecimento acumulado, necessário no processo de aprendizagem como busca da razão de ser das coisas, como horizonte, como condição também de estranhamento, à medida que rompe com os padrões do senso comum e da irreflexão, da sedução pelo "colorido" dos fatos, como nos disse Bachelard (1996) e nos diz Figueiredo: "[...] a função da teoria é a de abrir no curso da ação o espaço da indecisão, do adiamento da ação, tempo em que podem emergir novas possibilidades de escutar e falar" (1995a, p. 94).

Pode-se observar que a maior parte dos relatos refere-se a esse tipo de fala, tanto de minha parte quanto da das alunas.

A fala *sobre* aparece, então, como recapitulação teórica e caracteriza-se pela exposição do pensamento de um autor, de um conceito, de uma explicação para determinada situação, de argumentos ou, ainda, quando são feitos questionamentos acerca do tema. A recapitulação teórica pode ser feita por mim ou pelos alunos.

Como nos trechos:

P: *Na aula passada, nós trabalhamos bastante com o conceito de fronteira-de-contato...*

Nós vimos que o *contato* e a *retração* são as funções mais importantes da personalidade. Por quê?

Porque é através do contato que nós satisfazemos as nossas necessidades e assimilamos o que é nutritivo, e rejeitamos o que é tóxico...

A fronteira-de-contato é o órgão dessa relação indivíduo–ambiente, e é o que nos delimita, o que nos protege, é o que diferencia o eu e o não-eu.

Em outra passagem é possível observar a recapitulação teórica também na fala da aluna:

P: Para a gestalt o aqui-e-agora é o mais importante. Que a pessoa aprenda a suprir suas necessidades, ou seja, desenvolver auto-suporte, que ficou comprometido pelas gestalten ocultas, inacabadas.

A7: *E que são promovidas pelo hetero-suporte*. Eu vejo isso muito na criança. É muito jogado pra criança valores e a criança começa a verbalizar aquilo como se fosse dela.

E em outra fala, outro exemplo:

P: *É. Para a gestalt existe uma necessidade não satisfeita em algum momento da história da pessoa, e a expressão dessa necessidade fica distorcida; essa gestalt aberta, a situação inacabada, fica no fundo pressionando em busca de satisfação.*

A: *O Perls fala que existe uma escolha da figura, existe uma necessidade prioritária e a gente elege o que é figura.*

A fala de nomeação, gestual ou poética

Retomando sinteticamente a questão da fala poética abordada anteriormente, esta é uma fala que não somente descreve pessoas ou situações. Nem argumenta ou explica. É uma fala que estende, nomeia a situação. É imagem que não explica a si mesma, pois diz o que quer dizer. Tem seu próprio sentido, é começo, meio e fim. É uma criação, uma possibilidade, que revela seu criador e enraíza-se no outro e, portanto, uma forma de concentração.

Como afirmam Perls, Hefferline e Goodman (1997), na poesia o ato de falar é "[...] o portador de toda a realidade – a vitalidade da fala é acentuada, ela é mais rítmica, mais precisa, mais plena de sentimento, mais plena de imagens, etc." (p. 132).

É possível encontrar, no transcorrer das aulas, algumas falas poéticas ou de nomeação, que possuem certas características apontadas pelos autores referidos. São, porém, falas que se caracterizam por sua simplicidade, sem grande expressão estética, mas que se enraízam na experiência do aluno. Por exemplo:

> P: Você já experimentou dar um beijo pensando?
> A6: Eu já tive essa experiência... Você se perde.
> (risos)

Aqui, a palavra é imagem e enraíza-se imediatamente na experiência da aluna que a nomeia sem argumentar. E ainda:

> P: Então a gente passa a ver o novo como velho. As pessoas com as quais a gente convive... a gente olha pra elas como se elas sempre fossem as mesmas.
> Como depois de dez anos de casamento. A gente ouve alguém dizer: Ah! não tem mais novidade! Não tem uma ova! Até que o outro faz alguma coisa e a gente diz: "Nunca pensei que você fosse capaz disso! Estou te desconhecendo!". (risos)
> A6: Tá conhecendo! (risos)

A aluna inverte o sentido do que estava sendo dito, interrompendo o argumento e integrando o aprendido, ao nomear a experiência de conhecer quase num gesto.

Aqui há outro exemplo:

> P: Aquele exemplo da cliente que me ligou dizendo que tem resistência. O que pode estar paralisando essa cliente? Vamos fantasiar.
> A?: Ansiedade.
> P: Ela tá tentando evitar o risco. Que é de estar numa situação desconhecida, de encontrar a própria dor, de encontrar um estranho. Só que a ansiedade está paralisando.

Ou ainda:

A6: A A10 tá falando e eu me lembrei da minha experiência aqui. Durante a fala dela, com a mobilização de energia, eu fiquei muito... o meu primeiro canal forte foi o emocional, eu tava muito com ela... aí pra esfriar um pouco eu fui pro futuro, comecei a pensar em outra coisa e esfriou. Fora daqui, e eu me dei conta, comecei a rir, e voltei, e percebi que fiquei presente de novo.

E eu tava aqui, aí eu percebi o quanto eu tava emocionada, que eu pude presentificar pra mim, aí elas falaram o que eu tava fazendo, e aí eu pude identificar, mesmo. Aí eu fiquei inteira...

Mas *eu fiz todo esse percurso! É medo!*

Nesses exemplos, as falas interrompem a argumentação e sugerem a passagem do falante para outro patamar de compreensão, que ele estende diante dos demais sem ter de demonstrar.

A experiência de integração e sua fabricação

É possível observar que a experiência de integração tem um caráter eminentemente fortuito, já que ocorre de forma não deliberada e até imperceptível inicialmente, tanto que, assim como os alunos, não noto seu acontecimento de imediato.

A fabricação dos raros momentos de apropriação é um processo composto pelos "ingredientes" descritos anteriormente, que criam o terreno para que esta possa ou não ocorrer.

Assim, é preciso observar não apenas o conteúdo do discurso aqui transcrito, mas o que se dá nas entrelinhas, à medida que se fala *sobre* e repete-se o mesmo tema inúmeras vezes de diferentes formas e por diferentes caminhos. Não há garantias de que a apropriação possa ocorrer, nem como controlar o processo.

Observo que a ação coerente com o discurso, de minha parte, é um elemento facilitador da apropriação, mas reafirmo, não a garante.

O terreno *para* e o processo de incorporação (encarnação) do conhecimento pode ser exemplificado por intermédio do trecho seguinte, que ilustra todo seu caminho percorrido iniciado com a exposição formal de conceitos a serem trabalhados, num movimento de ampliação para as diversas experiências associadas, até sua compreensão vivenciada.

É um processo que, nesse caso, toma parte significativa da aula, mas que pode assumir diferentes extensões (espaço-temporais) ao longo do curso.

Retomando esse percurso, observo que, de início, retomo um conceito discutido anteriormente, "fronteira-de-contato":

P: Na aula passada, nós trabalhamos bastante com o conceito de fronteira-de-contato...
Nós vimos que o contato e a retração são as funções mais importantes da personalidade. Por quê?
Porque é através do contato que nós satisfazemos as nossas necessidades e assimilamos o que é nutritivo, e rejeitamos o que é tóxico...
A fronteira-de-contato é o órgão dessa relação indivíduo–ambiente, e é o que nos delimita, o que nos protege, é o que diferencia o eu e o não-eu.

A seguir é aberto o espaço para dúvidas e para que os alunos revejam o que foi ensinado. Eles lançam mão do material escrito e afirmam seu entendimento:

Isso tá tranqüilo pra todo mundo? (pausa)
A6: Tá...
(Algumas alunas assentem, outras folheiam o caderno, outras o texto.)

Em seguida, proponho genericamente uma exploração do tema que, como veremos, circula por diferentes universos. A simples proposta de experimentar encontra eco imediato entre os alunos, que evidenciam imediatamente sua disponibilidade e confirmam já um nível de compreensão do conceito, ao mostrarem-se capazes de identificar como "funções de contato" os sentidos.

P: Então hoje nós vamos ver como o contato acontece...
O contato acontece através do que a gente chama funções de contato. (Vou até a lousa e escrevo)

Quais são elas? (pausa)
A6: *Falar.*
(Vou até a lousa e escrevo cada uma)
P: Isso. Que se divide em: (pausa)
A1: *Voz...*
A10: *Linguagem.*
P: Depois...
A5: *Olhar...*
P: Que mais?
A4: *Escutar.*
A5: *Movimento.*
(burburinho)
P: Oi?
A6: *Movimento... Fala...*
A12: *Degustar, cheirar.*
(Escrevo na lousa)

Recolho e reúno os fragmentos da compreensão oferecidos e estendo-os organizados:

P: *Ou seja, é através dessas funções que a gente pode então entrar em contato com o mundo...*
A6: *São os sentidos.*
P: *É... São os sentidos. Mais a fala e o movimento. Por quê?*
Porque as funções de contato se referem tanto ao aspecto sensorial quanto ao motor da nossa experiência.
Então, gente, é por intermédio dessas funções que estabelecemos o contato, e também é por meio dessas funções que nós interrompemos o contato...
Por isso é fundamental que a gente identifique como o cliente faz contato e como interrompe o contato, né?
Porque é deixando de olhar ou ouvir, ou melhor, não é ficando cego ou surdo, é como ele vê ou ouve, o como ele toca que é importante...
Basicamente, numa terapia, nós vamos trabalhar o tempo todo as funções de contato...

Articulo a seguir a compreensão obtida, com um fragmento da literatura, ampliando o argumento:

O Fritz dizia: "O neurótico é aquele incapaz de perceber o óbvio". Ou seja, ele não vê o óbvio, não escuta o óbvio, não experimenta... Perls deu muita importância aos sentidos... Ele também dizia: "Desligue a mente, ligue os sentidos". Porque quanto mais ligado sensorialmente a gente estiver, mais presente a gente está, no aqui-e-agora... mais auto-suporte a gente tem para lidar com as situações.

Trago o conceito para a experiência cotidiana, minha e dos alunos, revivendo e compartilhando um momento tão íntimo quanto um beijo:

Quando a gente está pensando muito,... vocês devem saber disso na experiência de vocês... o que acontece com os sentidos? (pausa) (silêncio)

Você já experimentou dar um beijo pensando?

A6: Eu já tive essa experiência... Você se perde.

(risos)

P: É. Você não está beijando, não está sentindo, está pensando. Está muito mental, está fora da experiência de beijar...

Isto se torna um impedimento, a gente interrompe o contato...

Visando explorar ainda mais, pela experiência, as possibilidades de compreensão do tema estudado, proponho um exercício:

Peço aos alunos que se dividam em duplas, e cada dupla tem por tema uma função de contato previamente designada; o exercício consiste em observar utilizando a função de contato especificada, fora da sala de aula. Instruo os alunos para que não compartilhem a experiência antes de retornarem à sala.

Os relatos na volta das alunas para a sala, já mencionados ao longo dessa análise, revelam diferentes níveis de vivência do exercício. Os depoimentos variam entre a mais distante verbalização:

A4: ... eu já saí falando, né? Aí eu pensei, vou ouvir minha própria voz. Aí eu peguei o celular e liguei pra mim mesma (ri), aí eu saí falando, né? (risos)

Até a demonstração da capacidade de um mergulho profundo e transformador no exercício:

A6: Então. Nós fizemos o movimento. No começo eu tava muito dentro, percebendo quanta coisa move mesmo, e os movimentos vão mudando, de acordo com o espaço... Se eu tô num lugar conhecido, eu estou mais solta... Se eu tô num lugar que eu não conheço, até o meu passo muda, ele fica... tem uma tensão, uma coisa de atenção, é a coisa da fronteira mesmo, se eu tô num lugar pequeno, eu tenho que contrair, eu diminuo meu passo...

Conforme eu estava mais solta tinha uma cadência, um ritmo, eu tava me sentindo brincando, dançando, me deu vontade de correr, pular...

Retomo os depoimentos, anuncio e preparo um momento de transição, sinalizando a abertura do universo de referência pessoal para o diferente, o diverso:

P: Eu acho que o que vocês estão contando também é do prazer que vem da riqueza da estimulação, como é agradável quando a gente se abre pra essa riqueza, né? Quando você consegue perceber, se deter no que está chegando pelos sentidos, como a vida fica rica... Em questão de minutos, quanta coisa vocês contaram. Como é agradável quando a gente percebe a variedade, a diversidade do que chega até nós, que normalmente a gente não percebe. A gente pensa tanto, que não se dá conta da novidade de cada momento, né?

Retomo o assunto por diversos ângulos, mais uma vez atrelados à experiência cotidiana:

Então a gente passa a ver o novo como velho. *As pessoas com as quais a gente convive... a gente olha pra elas como se elas sempre fossem as mesmas.*

Como depois de dez anos de casamento. A gente ouve alguém dizer: "Ah! não tem mais novidade!". Não tem uma ova! Até que o outro faz alguma coisa e a gente diz:" Nunca pensei que você fosse capaz disso! Estou te desconhecendo!". (risos)

O momento de integração acontece na fala de A6, que inverte o sentido do que vinha sendo dito e demonstra, de forma quase gestual, a integração do que aprendeu:

P: Como depois de dez anos de casamento. A gente ouve alguém dizer: "Ah! não tem mais novidade!". Não tem uma ova! Até que o outro faz alguma coisa e a gente diz: "Nunca pensei que você fosse capaz disso! Estou te desconhecendo!". (risos)
A6: *Tá conhecendo!* (risos)

Segue-se a retomada de cada depoimento, com a explicitação das palavras-chave de cada experiência, até a expressão formal do recurso didático desencadeante do processo vivido:

Por que eu pedi para vocês fazerem esse exercício?
Vocês estão o tempo todo aqui olhando, escutando, cheirando, se movimentando... mas com outro objetivo. Pra entender a matéria, aprender, usar isso na experiência profissional de vocês, né?
Quando eu peço pra que vocês saiam e façam isso, olhar com o objetivo de olhar, não de entender, ou de relacionar, por isso foi tão novo.
O que a A5 está contando, e o que o autor fala, o que o Polster fala, a gente costuma ver isso como perda de tempo...

Seguem-se mais momentos menos significativos como novidade da experiência, mas importantes como repetição necessária à incorporação do aprendido.
O conhecimento é transferido, primeiro por mim, para o contexto em que deve ser exercido – a prática profissional:

P: Vou dar um exemplo. *Uma cliente uma vez me disse,* ela estava falando, falando, falando, ela olhava para o chão, ela fica muito de olhos fechados. Aí chegou um hora que ela falou que eu tava rindo dela.
Eu disse pra ela que eu tinha a impressão de que ela estava falando de uma outra pessoa, que não eu.
E pedi que ela olhasse pra mim. E me contasse o que estava vendo.

Qual a função de contato eu estava trabalhando? Que ela estava interrompendo?

A5: Olhar.

P: Ela estava olhando pra dentro dela. Ela estava falando de alguém que estava no mundo interno dela. Ela não estava falando de alguém que estava na frente dela.

A6: Ela não tava te vendo.

P: Como a gente sabe o que está se passando?

Quando a gente olha, quando a gente ouve, quando a gente toca e quando a gente confia na percepção da gente.

E é retomado por uma aluna, que relaciona ao fragmento do exercitado ali – naquela hora (aqui-e-agora):

A10: Quanto mais ele vai entrando em contato, vai ficando coerente, né? A solidão com o timbre de voz, o peso.

Isso foi uma coisa que eu senti no experimento que a gente fez.

Foi uma coisa interessantíssima o que aconteceu comigo e depois eu percebi. Porque num primeiro momento eu tava prestando atenção mais na voz da A9, né? Eu fiquei assim superimpressionada com a coerência do conteúdo, com a linguagem, com a voz... o conteúdo com todo estilo de voz... estilo mais baixo, mais lento... Aí eu fui me dar conta de como estava a minha voz pra ela. Eu fui tentar perceber a minha voz. E aí quando eu tava... quando eu tava escrevendo eu pensei: nossa! Que coisa, né? Assim eu tava sentindo que a minha voz tinha mais vitalidade que a voz dela, mas eu tava encobrindo alguma coisa... minha voz não tava coerente! Sabe? Foi muito interessante, um exercício e tanto!

O processo todo é retomado como técnica, como instrumento a ser usado pelo terapeuta com seu cliente, agora que suas possibilidades foram devidamente exploradas, e amplio as "prescrições" do uso do recurso, como no exemplo:

P: *Você também tá mostrando dois exercícios que a gente pode trabalhar em terapia. O primeiro é você poder perceber essa diferença entre a voz, o conteúdo, a entonação.*

(exemplo) "Eu tô muito triste hoje, tô chateada." (Digo isso rindo, falando com descaso)

Tá condizente?

Ou então:

Ah! Eu tô muito feliz." (Digo isso cabisbaixa, com desânimo)

Tá dissociado!

Um exercício para vocês na relação com o cliente é: pare de prestar atenção no conteúdo do que ele está falando e comece a prestar atenção na entonação... volta para o conteúdo, vai para a entonação. Tenta perceber se está coerente ou não.

Outro: percebam a voz de vocês como terapeutas.

Quando a gente está trabalhando com conteúdos muito difíceis, né, você precisa ter uma suavidade. Quando você está trabalhando com a dor, na ferida... ninguém vai numa ferida e faz (Faço um gesto bruto de abrir), a gente vai suavemente. A gente fala devagar, baixo, com suavidade, com delicadeza (Digo essas palavras modificando minha voz para mostrar como).

Fecha-se o círculo das sucessivas retomadas, com movimento, intensidade e ritmo reduzidos. Assim como o impacto dos dados para essa análise. A aula encaminha-se para o fim.

Os entraves

Observo que há em alguns momentos do processo atitudes e formas discursivas de minha parte que dificultam a aprendizagem, obstruindo-a ou distorcendo-a; denomino-as "entraves", e que podem ser de dois tipos:

As interrupções

As interrupções referem-se aos momentos nos quais me antecipo ao aluno furtando-o da oportunidade de expor o seu pensamento ou expressar-se de alguma forma. Nessas situações, observo que faço intervenções com rapidez conclusiva, impeço o aluno de prosseguir em seu raciocínio, relatar sua experiência ou, apesar de lançar questionamentos aos alunos, respondo-os sem lhes dar o tempo necessário para refletir.

Como nos exemplos:

P: Em outras palavras, a excitação acontece quando você "topa" o risco. Como vocês fizeram aqui. A ansiedade, que também apareceu, é quando a gente tenta evitar o risco.
Como está pra vocês essa diferença?
Dá pra identificar na experiência?
A?: Dá.
P: Aquele exemplo da cliente que me ligou dizendo que tem resistência. O que pode estar paralisando essa cliente? Vamos fantasiar.

Nesse trecho, interrompo a aluna sem dar a ela a chance de responder como se dá sua experiência.

Em outra passagem a interrupção também acontece, mas de modo deliberado:

P: Depende da necessidade dela naquele momento e como ela está expressando essa necessidade.
Que mais, gente?

Aqui há um corte brusco, apesar de ser deliberado, já que estávamos nos minutos finais da aula. Além disso, houve a necessidade de redirecionar a discussão, uma vez que, inúmeras vezes, os alunos tendiam a permanecer nos exemplos clínicos, descaracterizando a disciplina que se aproximava de uma supervisão. Assim, o fio tênue que separa o exemplo clínico para ilustrar conceitos e a discussão do caso clínico com fins de supervisão precisou ser respeitado, mediante esses cortes deliberados.

Os clichês

Referem-se às falas inconseqüentes minhas e/ou dos autores citados que se contrapõem aos pressupostos teóricos e filosóficos da abordagem gestáltica, e que não são apresentadas de modo crítico ao aluno, favorecendo assim sua perpetuação.

Os clichês são frases de efeito, muitas vezes dicotômicas ou superficiais, que comprometem a abordagem quando não interpostas com a explicitação do contexto em que foram pronunciadas gerando e transmitindo mal-entendidos e confusões. Como no trecho que segue:

P: Perls deu muita importância aos sentidos...
Ele também dizia: "Desligue a mente, ligue os sentidos".

Nessa passagem, utilizo-me de um clichê freqüentemente professado por Perls, um crítico dos próprios clichês. Seria importante apresentá-lo ao aluno, contextualizando essa fala do autor na época em que foi veiculada, no período da contracultura, da busca de individualidade e liberdade, num contexto sociocultural que valorizava a generalidade e a adequação, em detrimento das diferenças individuais.

Perls criticava os excessos da razão que podem empobrecer o contato do homem com seu mundo, enfatizando a integração do intelecto à experiência. Mediante esse clichê, porém, cria uma nova dicotomia, como se os sentidos fossem mais importantes e valorosos do que a razão.

Nessa outra passagem utilizo-me de outros termos "emprestados" por Perls das filosofias orientais (*mente* e *maya*), sem a devida explicitação de seu significado para essas filosofias, o que os torna corpos estranhos na Gestalt-terapia, pois passam a ser utilizados como se esse significado fosse claro e assimilado à abordagem.

P: *Fica mental.* Aí a gente volta ao conceito de "*maya*", que ele usa.
Quando você tá lembrando sem awareness ou antecipando, você está usando a *mente.* Você não está vivendo segundo o que você está percebendo através dos sentidos. Que é a experiência oposta a que vocês fizeram aqui. Que é olhar, ouvir, perceber a colega, perceber o que você está sentindo, o que você está pensando, o que está difícil, o que está travando, vivendo, usando os sentidos para se orientar. A frase do Perls, "desligue a mente, ligue os sentidos", o que no fundo é abertura para o agora.

Nessas passagens, portanto, ao citar Perls, utilizo-me de falas que denotam a dicotomia conhecimento–experiência, que se contrapõem aos fundamentos fenomenológicos da própria abordagem perpetuando, assim, essa incoerência teórica e de linguagem. Nessa afirmação, Perls, ao tentar enfatizar a *awareness* como condição de crescimento, parece emitir um juízo de valor, como se sentir fosse mais importante que pensar, apresentando, além disso, uma incoerência com os fundamentos de sua própria abordagem, tornando-se alvo de suas próprias críticas.

Nesse episódio, posso observar, então, que ao professar e repetir clichês e incoerências de certos autores, os promovo, tornando-os entraves no processo de aprendizagem em vez de contribuir para a construção da Gestalt-terapia, que pressupõe um pensamento crítico e um aprimoramento da linguagem que a apresenta, coerente com seus pressupostos.

Ao final do trabalho de análise, observo que seria possível indicar uma série de exemplos para ilustrar meus pontos de vista acerca da integração do conhecimento na formação do gestalt-terapeuta. Considero, entretanto, que os aqui apresentados são suficientes para tal fim. Encaminho-me, portanto, para as Considerações Finais.

Considerações finais

> *Há uma idade em que se ensina o que se sabe, mas vem em seguida outra, em que se ensina o que não se sabe: isso se chama pesquisar. Vem talvez agora a idade de uma outra experiência, a de desaprender, de deixar trabalhar o remanejamento imprevisível que o esquecimento impõe à sedimentação dos saberes, das culturas, das crenças que atravessamos. Essa experiência tem, creio eu, um nome ilustre e fora de moda, que ousarei tomar aqui sem complexo, na própria encruzilhada de sua etimologia:* Sapientia: *nenhum poder, um pouco de saber, um pouco de sabedoria, e o máximo de sabor possível.*

> *Aula*
> Roland Barthes

No início dessa pesquisa não pude (felizmente) vislumbrar o ponto de chegada, o que significa que realmente lancei-me à situação, podendo assim transformar-me, conhecendo e reformando meu sistema de saber, dando um salto qualitativo como professora de Gestalt-terapia por perceber-me agora mais familiarizada com minha escolha e cônscia de minhas próprias lacunas e meus recursos pedagógicos.

O enraizamento do conhecimento em minha própria experiência permite-me vivenciar a realidade docente de maneira mais integrada, para favorecer o aprendizado dos alunos de psicoterapia gestáltica, que implica mobilização para o contínuo processo de criação de si mesmo.

A partir dessa pesquisa posso considerar que o aprendizado em Gestalt-terapia pode ser favorecido quando o professor cria condições de mobilização dos alunos e, para tanto, precisa também vivenciar a exposição para ser mobilizado; mas a integração do conhecimento não pode ser deliberadamente ensinada, ou seja, mesmo ao criar condições para que ela ocorra, não há garantias de que ela venha a ocorrer.

Ao explicitar o caminho percorrido, identificando as condições e os obstáculos que favorecem ou dificultam a incorporação do conhecimento por parte do aluno, deixo ao leitor a possibilidade de acompanhar-me nesse processo e encontrar uma perspectiva possível para olhar o seu próprio trabalho, na intenção de contribuir com a construção do conhecimento na abordagem gestáltica e com sua apresentação aos docentes e aos novos profissionais em formação.

Ao finalizar o processo de análise, pude observar que as exaustivas leituras do material transcrito ofereceram a possibilidade de contatar aspectos diferenciados e novos a cada leitura, e que se revelaram no processo de uma ou demais aulas ou em trechos específicos de diálogo em classe.

A análise foi um processo de desvelamento, de revelação e de crítica de minha própria atuação como professora, ao explicitar pontos de coerência e de incoerência em minha atitude e meu discurso na apresentação da abordagem gestáltica.

Assim sendo, deparei com os obstáculos de meu próprio pensamento e debati-me com os "pontos cegos" em minha *awa-*

reness do *o que* e *como* faço, tanto em sala de aula como no trabalho de busca de sentido para as experiências vivenciadas no contato com os alunos.

No início desse percurso observei, portanto, minha própria experiência de suspensão, de errância, e de desvanecimento de referências. E para dar continuidade a esse processo, foi preciso render-me à exposição, ao não-saber. Observei que o encontro com o outro (aluno, autor, referencial teórico e metodológico) promoveu uma ruptura no que é habitual em meu sistema de pensamento, lançando-me ao desconhecido em mim mesma. Cupertino fala desse processo:

> A alteridade, na medida que contesta e desaloja, rompe a totalidade. A aceitação da existência inexorável do outro, num contexto ético, nos submete a ele, numa relação de desigualdade que é a que permite que, ao invés de aprender sobre ele, possamos *aprender com* ele, naquilo em que ele é diferente de nós. (1995, p. 237) [grifo da autora]

Assim, meus interlocutores durante o trabalho, aqueles com quem pude aprender, "surgiram" no processo de análise e fizeram-me companhia, e esse encontro tem, agora, um sabor de maior intimidade. Foram os autores e os alunos cujas "vozes" fizeram-se presentes, pois enraizaram-se em minha própria experiência de busca de significados.

Na etapa inicial do trabalho de análise, a concepção de Serres (1993) da aprendizagem como exposição assumiu um claro sentido.

Percebi-me num momento de transição, de deslocamento escorregadio, já que um "lugar-referência" ainda não havia sido alcançado e existia apenas como possibilidade, pois a experiência era a passagem. Essa transição, por sua vez, levou-me a um estado de suspensão que me motivou a buscar possibilidades de sentido, tornando-me, assim, disponível ao movimento, ao crescimento e à mudança.

Durante todo o processo pude observar esse estado de suspensão e mobilização também no relato dos alunos por intermédio de experiências de: surpresa, "sentimentos fortes", tensão, descoberta do novo, medo de ser observado, identificações com colegas ou autores, incômodos, sensações de calor, expressão de limites para arriscar-se, recolhimento ao seguro, ansiedade, entre tantas outras.[1]

A exposição por mim vivenciada foi também, paradoxalmente, tensa e prazerosa. A tensão adveio da ausência de referências suficientes e da experiência de estar lançada à situação desconhecida. Restou-me acatá-la. Ao mesmo tempo, observei-me com liberdade para aventurar-me na novidade do momento e experimentei confiança em minha capacidade de criar novas formas de habitar.

Além disso, percebi-me vivendo, por meio desse trabalho, o processo de aprender de modo coerente com meu discurso e minha atitude diante de meus próprios alunos, e essa coerência teve um sabor de inteireza e integração.

A tensão e a confiança, ou seja, a experiência do risco e da curiosidade diante do outro, do desconhecido, pôde também, em vários momentos, ser percebida no relato dos alunos. Muitos relataram tensão, medo, contração muscular em lugares novos e experiências desconhecidas; também expressaram humor, prazer, alegria, reconhecimento, aceitação de si e do outro quando se arriscavam. Além disso, foi possível notar que a grande maioria dos alunos permaneceu atenta durante as discussões e os relatos de experiência, sinalizando uma qualidade de escuta necessária à mobilização.

A metáfora de Serres (1993) para o processo de aprendizagem assume, então, um profundo significado diante da experiência vivida por mim e pelos alunos: "Quem não se mexe,

---

1. Durante as Considerações Finais cito diversas falas dos alunos enraizadas em minha experiência, sem, portanto, recorrer aos relatos transcritos.

nada aprende [...]. Nenhum aprendizado dispensa a viagem [...]. Parte, sai [...]. Mude de direção e será forçado a atenção" (pp. 14-5 e 34).

A viagem a que se refere Serres promove um estado de tensão, de estranhamento, já que revela lacunas e expõe o viajante ao não-saber.

Na introdução da pesquisa, mencionei que uma das tensões ou dificuldades que motivaram a busca de respostas relativas à transmissão do saber referia-se à dicotomia teoria–experiência presente em minha prática terapêutica e pedagógica.

Observei que a consecução dessa pesquisa foi a própria suspensão nessa dicotomia, já que desafiou meu pensamento linear, positivista e dicotômico na pretensão de realizar um trabalho sobre incorporação do conhecimento utilizando o método fenomenológico, que se fundamenta em uma concepção do conhecimento como realidade construída.

Assim, transformei-me num campo de batalha vivo das dicotomias muitas vezes observadas na literatura e no corpo teórico-prático da Gestalt-terapia (e em meu próprio psiquismo), e passei a buscar novos horizontes, os da integração do pensamento à experiência, o que busca, por princípio, essa mesma abordagem.

Ao vivenciar o estranhamento, pude deparar com o que não sei e, tornando-me outra para mim mesma, confrontei minha própria alteridade; mas também pude lançar luz em meus próprios referenciais, passando a contar com eles para prosseguir; escolhi, então, partir, desbravar, para, quem sabe, inventar. Aprendi, assim, a tornar-me aprendiz ao colocar-me disponível à exposição e vivenciar o que proponho realizar com meus próprios alunos.

A escolha da epígrafe de Serres, a metáfora do nadador, para introduzir a investigação, somente no final do trabalho revelou o seu sentido. A posição que me encontrava ao lançar o olhar sobre os dados foi aquela do nadador, com quilômetros atrás, adiante e sob seu ventre.

O ponto de partida foi sem dúvida a lacuna da dicotomia conhecimento–experiência. Na análise dos dados, porém, apesar de tentar ativar essas antigas referências em momentos de confusão e obscuridade, elas já não me serviam mais. A experiência foi a errância, a confusão, a lentidão, a contrariedade. O ponto de partida, a margem inicial, foi deixado para atrás. Encontrei-me, então, no meio da travessia e o deslocamento era o meu "lugar".

Foi possível observar também, em vários momentos do processo desenvolvido em sala de aula, que os alunos manifestavam a confusão, a errância e a lentidão à qual me refiro. Tentavam algumas vezes ativar antigas referências em momentos de confusão (por exemplo, o pensamento psicanalítico), manifestavam contrariedade diante de determinadas concepções gestálticas ou mesmo durante os exercícios propostos e o relato de sua experiência, que revelava suas dificuldades e seus aspectos obscuros.

Além disso, foi preciso durante todo o processo repetir e retomar conceitos para que pudessem ser assimilados, sinal da lentidão inerente ao aprender, mesmo com o ganho de complexidade a que me referi no processo de análise.

A tensão perante o desconhecido no processo de aprender, tanto de minha parte como da dos alunos, fez-me integrar também o sentido que Barthes (1978, p. 47) atribui à pesquisa: "há uma idade em que se ensina o que não se sabe: isso se chama pesquisar".

E Bachelard "diurno" complementa:

> [...] é no âmago do próprio ato de conhecer que aparecem, por uma espécie de imperativo funcional, lentidões e conflitos [...]. No fundo, o ato de conhecer dá-se contra um conhecimento anterior, destruindo conhecimentos mal estabelecidos, superando o que, no próprio espírito, é obstáculo à espiritualização. (1996, p. 17)

Observo, porém, que a experiência da exposição e do estranhamento, ao mesmo tempo que desaloja gerando tensão, revela os próprios referenciais, aspectos de si mesmo.

Alunos relatam terem descoberto no confronto com o outro (autor, colega, professora) aspectos de si mesmos que desconheciam, por exemplo: uma "base de apoio", inquietação, dificuldade em fixar o olhar, tensão ao ser observado, medo de ser invasivo, limite de exposição, dificuldade para escutar, formas de evitação do contato, atitudes terapêuticas diante de seu cliente, capacidade para arriscar-se, entre outros.

Cupertino (1995, p. 238) esclarece: "O acolhimento ao outro (como já vimos, nem sempre suave, porque inexorável), ao mesmo tempo que nos aponta os aspectos enigmáticos dele, nos apresenta aos nossos próprios".

Em minha experiência de realizar esse trabalho, o confronto com a alteridade possibilitou-me também conhecer os meus próprios referenciais, a margem da qual parti, minha capacidade de "nadar", minhas experiências anteriores em travessias e a confiança em meu potencial para realizar a travessia atual, apesar de desconhecida e diferente.

E o pensamento de Figueiredo (1995b, p. 5) citado anteriormente pode, então, confirmar esse processo vivido tanto por mim como pelos alunos: "É somente a partir de um primordial sentir-se em casa que se criam as condições para as experiências de encontro com a alteridade e para os acontecimentos desalojadores".

Observo também que a experiência atual difere da passagem à qual tanto me referi no processo de aprender. A solidão da travessia, da perda de referenciais, desfaz-se momentaneamente após esses três anos de trabalho, pois uma nova margem já pode ser avistada, as águas tornaram-se rasas, a margem anterior já está razoavelmente distante. Observo que a tensão inicial dissolveu-se.

A experiência atual é o prazer, o sabor, a beleza de reconhecer o sentido de minha escolha de investigar o tema do conhecimento encarnado e da criação de si mesmo na formação do gestalt-terapeuta.

Nesse momento a experiência é a de estar chegando a um novo lugar ainda por conhecer, até que se dê a próxima partida.

As "vozes" dos autores, dos alunos e a minha própria tornaram-se uma só e acompanham-me nessa nova forma de habitar esse novo lugar. Enraizaram-se em minha própria experiência, tornaram-se parte de mim mesma.

Há algo de poético nessa experiência de inteireza, ela é indescritível, e a ela só posso aludir com uma imagem, ao inventar a continuidade da metáfora com a qual introduzi este trabalho, e contar como meus acompanhantes enraízam-se em mim nesse novo lugar:

> O tempo se entreabre, e o nadador vê o *outro lado*; lançado ao mar e aos seus mistérios, na travessia solitária não mais está só: deixou-se povoar. Sente-se agora acompanhado pelas águas claras, pelas ondas revoltas, pelos peixes coloridos, pelos firmes e vivos corais, pelo sol, pelas estrelas, pelos abismos escuros, e por todos os que trazia dentro de si desde sua primeira travessia: outros que, ao contrariá-lo, guiá-lo e compartilhar com ele os momentos divertidos e arriscados, tornaram-no mais ele mesmo.
>
> O nadador está agora mais inteiro, rico e transformado. Tudo o que encontrou em sua travessia é parte de si mesmo e sente-se, também, parte de tudo. Continua em movimento, pois sua natureza é atravessar...

Por fim, retorno ao ponto de partida, elegendo um de meus acompanhantes (o primeiro, um poeta) para finalizar o trabalho dando voz ao significado dessa experiência de aprendizado:

> [...] em alguns momentos o tempo se entreabre e nos deixa ver o *outro lado* [...]
>
> Uma dessas experiências é a do amor, na qual a sensação se une ao sentimento e ambas ao espírito. É a experiência do total estranhamento: estamos fora de nós, lançados diante da pessoa amada; e é a experiência da volta à origem, a esse lugar que não está no espaço e que é nossa pátria original. A pessoa amada é, ao mesmo tempo, terra incógnita e casa natal; a desconhecida e a reconhecida [...]. O amor suprime a cisão. (Paz, 1994, p. 129)

Anexo

Aula

Data: 3/9/97

P: Professora

A: Alunos

P: Na aula passada, nós trabalhamos bastante com o conceito de fronteira-de-contato...

Nós vimos que o contato e a retração são as funções mais importantes da personalidade. Por quê?

Porque é através do contato que nós satisfazemos as nossas necessidades e assimilamos o que é nutritivo, e rejeitamos o que é tóxico...

A fronteira-de-contato é o órgão dessa relação indivíduo–ambiente, e é o que nos delimita, o que nos protege, é o que diferencia o eu e o não-eu.

Isso tá tranqüilo pra todo mundo? (pausa)

A6: Tá...

(Algumas alunas assentem, outras folheiam o caderno, outras o texto.)

P: Então hoje nós vamos ver como o contato acontece...

O contato acontece através do que a gente chama funções de contato. (Vou até a lousa e escrevo)

Quais são elas? (pausa)

A6: Falar.

(Vou até a lousa e escrevo cada uma)

P: Isso. Que se divide em: (pausa)

A1: Voz...

A10: Linguagem.

P: Depois...

A5: Olhar...

P: Que mais?

A4: Escutar.

A5: Movimento.

(burburinhos)

P: Oi?

A6: Movimento... Fala...

A12: Degustar, cheirar.

(Escrevo na lousa)

P: Ou seja, é através dessas funções que a gente pode então entrar em contato com o mundo...

A6: São os sentidos.

P: É... São os sentidos. Mais a fala e o movimento. Por quê?

Porque as funções de contato se referem tanto ao aspecto sensorial quanto ao motor da nossa experiência.

Então, gente, é por intermédio dessas funções que estabelecemos o contato e, também, é por meio dessas funções que nós interrompemos o contato...

Por isso é fundamental que a gente identifique como o cliente faz contato e como interrompe o contato, né?

Porque é deixando de olhar ou ouvir, ou melhor, não é ficando cego ou surdo, é como ele vê ou ouve, como ele toca, que é importante...

Basicamente, numa terapia, nós vamos trabalhar o tempo todo as funções de contato...

O Fritz dizia: "O neurótico é aquele incapaz de perceber o óbvio". Ou seja, ele não vê o óbvio, não escuta o óbvio, não experimenta...

Perls deu muita importância aos sentidos...

Ele também dizia: "Desligue a mente, ligue os sentidos".

Porque quanto mais ligado sensorialmente a gente estiver, mais presente a gente está, no aqui-e-agora... mais auto-suporte a gente tem para lidar com as situações.

Quando a gente está pensando muito,... vocês devem saber disso na experiência de vocês... o que acontece com os sentidos? (pausa) (silêncio)

Você já experimentou dar um beijo pensando?

A6: Eu já tive essa experiência... Você se perde.

(risos)

P: É. Você não está beijando, não está sentindo, está pensando. Está muito mental, está fora da experiência de beijar...

Isto se torna um impedimento, a gente interrompe o contato...

Só que pra trabalhar o contato, eu tenho uma proposta...

De fazer um pequeno exercício com vocês que vai ilustrar o tema de hoje, vai dar material pra gente trabalhar, tá?

Queria que vocês se dividissem em duplas de novo. (pausa)

(As alunas se entreolham, algumas movimentam a carteira.)

Vocês querem escolher? (pausa)

Querem ficar como estão na seqüência? Pela localização?

A1: É. Pela afetividade também.

(burburinho)

P: Tá bom. Tá tudo bem aí?

(burburinho)

(pausa)

(Vou até cada dupla e digo com qual função vão trabalhar)

A1 e A2: olhar

A3 e A4: escutar

A5 e A6: movimento

A7 e A8: toque

A9 e A10: fala-voz

A11 e A12: fala-linguagem

A13 e A14: olhar

A15 e A16: escutar

Vou pedir para vocês que durante dez minutos vocês andem pelo Sedes afora...

A4: Sair de verdade?

P: É.

Eu vou pedir pra quem ficou com o olhar, experimente durante dez minutos apenas olhar, tá?

Procurem não falar, não conversar, tá?

Simplesmente olhem. De preferência separem as duplas, passeiem um pouco...

A13: Ah! vou pra uma cantina italiana!

(risos)

P: Mas não vai viajar demais no contato, hein?

(risos)

Quem vai escutar, passeia pelo Sedes escutando, os diferentes sons, não só o conteúdo das falas... faz um exercício de paisagem auditiva.

(burburinhos)

Quem vai trabalhar com o movimento, ande, sintam o andar, prestem atenção no movimento de vocês...

Não no dos outros, porque aí a função é olhar... tá?

Sobe escada, desce, se recolhe um pouquinho e vai tentando perceber o seu andar, seus braços e pernas... tá?

Quem vai trabalhar com o toque, toca as coisas, paredes, explora...

São vocês duas, né? (Olho para A7 e A8)

Tudo bem?

Quem vai trabalhar com voz...

Eu gostaria que vocês conversassem...

A4: Aaah!

(burburinhos)

Batam papo, mas prestem atenção na voz da colega...

Não fiquem tão preocupadas com o conteúdo.

Lógico que o conteúdo tem importância, senão vai parecer conversa de doido...

(risos)

A4: Que horas são? Dez minutos?

A? É.

P: A11 e A12, vocês já se concentrem mais no conteúdo, no que e como falam, tá?

Olha, no meu relógio são três pras sete... Sete e dez aqui.

Vou fazer um pedido. Não compartilhem a experiência no corredor, porque depois nós vamos fazer isso aqui. E eu gostaria que vocês ficassem um pouco recolhidas... Porque quando vocês voltarem é importante que estejam impactadas pela experiência, senão vai se perder, virar uma brincadeira... é gostoso, mas...

Fiquem recolhidas, quietinhas.

190

A6: Que horas a gente volta?

P: Sete e dez.

A10: A gente também sai?

P: Não, vocês podem ficar. Só fiquem longe de A11 e A12, porque senão contamina. Vamos lá?

(Encaminham-se para a porta)

P: Ah! gente! Faltou o degustar e cheirar! (burburinhos) Alguém tá a fim de tomar um café, um suco?

A13: Eu tô!!!

Então vocês fazem a mesma coisa... (Falo para A13 e A14)

(Saem falando, rindo)

7h10 (Começam a voltar para a sala. À medida que chegam, peço para que descrevam, por escrito, a experiência, por cinco minutos.)

7h20 (Recolho os relatos)

P: Vamos lá?

Como é que foi a experiência, o fato de ter saído?

Alguém quer contar um pouco? Sem falar tanto do conteúdo, mas da experiência de observar...

A5: Eu! Eu fiquei surpresa com o que eu percebi, eu achei legal. Mas foi pouco tempo... (pausa)

P: Você experimentou surpresa...

(pausa)

A13: O nosso era degustar. Coisas que eu não havia percebido nesse movimento de comer... e hoje eu pude perceber. Tive uma percepção maior, no momento de tomar o suco e estar percebendo o que tinha no suco... o formato, a cor do alimento... é muito comum eu chegar e tomar um suco de frutas, mas hoje foi diferente eu chegar e tomar um suco de frutas... (pausa)

P: Então a palavra que você usaria é diferente?

A13: É. Foi uma percepção diferente.

A4: Eu fiquei com isso também, com a coisa da diferença...

P: E como foi pra você?

A4: Eu prestei atenção... Como é difícil pra mim ouvir sem falar... (risos)

Aí eu já saí falando, né? Aí eu pensei, vou ouvir minha própria voz. Aí eu peguei o celular e liguei pra mim mesma (ri), aí eu saí falando, né? (risos)

P: Então você criou uma nova experiência... E como foi?

A4: (Responde, mas fala baixo, não é possível ouvir a gravação)

P: Então, A4, parece que você se deu conta da sua dificuldade de escutar...

A4: É. Foi difícil. Eu tinha que falar...

A16: É incrível como as duplas se encaixaram. Eu sempre fiz isso, não é novidade... A gente tá acostumada... Eu ouço mais do que falo... Então eu sempre presto muita atenção, né?

Mesmo quando as pessoas estão falando, no barulho que está tendo...

A15: Eu também...

(pausa)

P: Parece que você se deu conta de que ouvir é a função de contato que você mais usa... Um canal parece que flui...

A A4 teve outra experiência, como é difícil ouvir. E pra você falar é mais difícil... A gente realmente tende a usar uma função, um canal com maior freqüência... a gente tem mais facilidade de se comunicar e captar informações através de determinada função, canal. Acho que vocês usaram o canal que estão mais habituadas.

A15: Mas é interessante como a gente passa a ouvir coisas que a gente não ouve... não é que não ouve, não escuta...

P: Hum, hum...

A6: Seleciona.

A7: Comigo aconteceu uma coisa interessante. Eu me acho extremamente olfativa... Eu identifico as pessoas pelo cheiro... Só que na exploração eu me dei conta de que todos os sentidos estão funcionando muito equilibradamente. Até porque eu trabalho com estimulação sensorial...

E aí quando eu tava explorando, cada vez que eu explorava através do tato, eu me dava conta de que tinha som, que vários sons chegavam... Eu sentia a terra através dos pés... E teve uma hora que eu estava explorando a terra, me deu uma vontade de sentar e explorar tudo e eu pensei: nossa! que coisa lúdica, que coisa mais gostosa!, né? Aí eu fiquei... enfim, achei gostoso perceber que meus sentidos estão equilibrados. Eu não sou só olfativa! Eu entro em contato também com outros sentidos, né?

Teve então uma hora, que eu tava escorregando, e pensei: vou me agarrar naquela árvore porque ela vai me salvar (ri). E ela tava cheia de espinhos! (risos)

P: Com o que você fez contato nesse momento?

A7: Eu precisava do contato, apesar de que ele foi inóspito, né? Aí fiquei assim, né? (Faz uma expressão que sugere estar na dúvida)

P: E o que você escolheu fazer? Segurar ou soltar a árvore?

A7: Segurar. A minha segurança. Se eu não segurasse eu ia cair.

P: O que vocês estão percebendo, o que aconteceu com a A7? Qual foi a necessidade dela? Como ela fez pra suprir?

A6: Teve uma retração... Os espinhos... Mas ela priorizou o contato com a árvore.

P: Ela fez contato com a árvore, alguma coisa de nutritivo, e tinha algo tóxico, o espinho. Mas ela priorizou a segurança, e ficou segurando a árvore, mesmo tendo espinhos. Qual era a necessidade dominante?

A5: Salvar-se.

P: Isso.

Acho importante o que você está falando em relação aos sentidos. Como vocês viram no texto, quando a gente faz contato, essa palavra sugere toque, se deixar tocar pela luz, pelo som, pelo sabor...

A7: É interessante como todos eles trabalham de uma forma conjunta. Teve uma hora que eu não resisti, eu tive que falar para a A8: "Olha como essa folha tá crocante!". E comecei a picar a folha. (risos) Aí ela veio. Eu tava lá picando a minha folha, ouvindo um som gostoso, e sentindo a maciez da folha... aí eu falei mesmo: "Que folha gostosa!". (risos)

É. De repente o olhar lança a gente pra algo atraente, o barulho também, né? Chama a atenção... Teve uma hora que eu tive vontade de correr. "Tá tão bom, tão gostoso!"

A8: É... gostoso.

A7: É... então, assim, a gente acaba usando as outras funções quando usa uma...

P: Eu acho que o que vocês estão contando também é do prazer que vem da riqueza da estimulação, como é agradável quando a gente se abre pra essa riqueza, né? Quando você consegue perceber, se deter no que está chegando pelos sentidos, como a vida fica rica... Em questão de minutos quanta coisa vocês contaram. Como é agradável quando a gente percebe a variedade, a diversidade do que chega até nós, que normalmente a gente não percebe. A gente pensa tanto, que não se dá conta da novidade de cada momento, né?

Então a gente passa a ver o novo como velho. As pessoas com as quais a gente convive... a gente olha pra elas como se elas sempre fossem as mesmas.

Como depois de dez anos de casamento. A gente ouve alguém dizer: "Ah! não tem mais novidade!". Não tem uma ova! Até que o outro faz alguma coisa e a gente diz: "Nunca pensei que você fosse capaz disso! Estou te desconhecendo!". (risos)

A6: Tá conhecendo! (risos)

P: Porque a gente tem a pretensão de achar que conhece o outro inteiramente. A gente nunca conhece ninguém totalmente! Nem a gente mesmo!

Existe um exercício bonito, que pode ser usado em terapia, que é pedir pra uma pessoa olhar para a outra, como se fosse pela primeira vez.

A6: Ai que lindo!

P: Ou entrar na sua casa como se fosse pela primeira vez.

A5: Legal!

P: A gente entra em casa e tudo parece estático. Mas se a gente parar pra observar, a gente vai perceber diferente. Cada objeto, cada lugar, tem uma história... a gente muda... Mas deixa de perceber os sons, as cores, os cheiros, a energia da casa... A gente se desliga, interrompe o contato e permanece no pensamento... cada vez mais a percepção vai se empobrecendo. (pausa)

A6: Então. Nós fizemos o movimento. No começo eu tava muito dentro, percebendo quanta coisa move mesmo, e os movimentos vão mudando, de acordo com o espaço... Se eu tô num lugar conhecido, eu estou mais solta... Se eu tô num lugar que eu não conheço, até o meu passo muda, ele fica... tem uma tensão, uma coisa de atenção, é a coisa da fronteira mesmo, se eu tô num lugar pequeno, eu tenho que contrair, eu diminuo meu passo...

Conforme eu estava mais solta tinha uma cadência, um ritmo, eu tava me sentindo brincando, dançando, me deu vontade de correr, pular, e outra coisa que eu fiz, eu tava perto dela (olha para A5), posso contar? Eu não agüentei, né? Só movimento? Eu tava sentindo falta de contato. Movimento também é contato, mas eu senti necessidade de olhar. Então, eu acompanhava com os olhos, escutava algum som (gira o pescoço), eu mexia... Então quanta coisa nova eu fiz, né?

P: Então sua palavra, foi novidade, descoberta?

A6: Perfeito.

P: Parece que você descobriu quantos movimentos você faz. E como eles mudam, são dinâmicos...

A6: É. E descobri uma base de apoio. Eu senti muito presente o ponto de apoio para os meus movimentos. Que tem um lado predominando sobre o outro, né?

P: Compartilho essa experiência, em função de estar hoje com a perna dura. (Tive um problema no joelho minutos antes da aula) É muito esquisito. Eu nunca dei uma aula com uma perna dura. Está sendo diferente. O tempo todo isso me chama a atenção. Acho que isso tem a ver com o que a A6 falou. Quando a gente está impedido de fazer o movimento, ou prestando muita atenção, que a gente se dá conta da importância que tem certo movimento, até para a sua... para o seu alinhamento.

A11: A gente faz isso o tempo todo. É automático. É como dirigir um carro... a gente pega, põe primeira, segunda...

P: Não dá pra gente estar atento a todos os estímulos ao mesmo tempo. A gente enlouqueceria e não conseguiria se organizar.

Por isso a gente fala em selecionar, priorizar, formar gestalt, perceber a figura. Porque a gente precisa selecionar nesse mar de estímulos aquilo que no momento se refere a nossa necessidade principal.

Só que não dá pra gente utilizar a função de contato de forma utilitária, apesar de que nós fazemos isso a maior parte do tempo. A gente olhar pra se dirigir e não para olhar. A gente ouve, mas para poder entender alguma coisa. A gente não presta atenção nos detalhes.

A10: Tá direcionado a uma ação, né?

P: Sempre indiretamente.

A5: É como se a gente fosse perder tempo, né?

Mas o quanto é importante perder esse tempo para enriquecer o contato, né?

P: Isso.

A1: Não entendi...

A5: Pra mim a experiência foi essa. Eu não tava fazendo nada de tão diferente. Mas caminhar aqui desse jeito foi completamente diferente.

P: Isso que a A5 está falando, explica, A1.

Por que eu pedi para vocês fazerem esse exercício?

Vocês estão o tempo todo aqui olhando, escutando, cheirando, se movimentando... mas com outro objetivo. Pra entender a matéria, aprender, usar isso na experiência profissional de vocês, né?

Quando eu peço pra que vocês saiam e façam isso, olhar com o objetivo de olhar, não de entender, ou de relacionar, por isso foi tão novo.

O que a A5 está contando, e o que o autor fala, o que o Polster fala, a gente costuma ver isso como perda de tempo...

"Pô, quinze minutos de aula, lá no bar, sentada, olhando..."

A gente muitas vezes acha perda de tempo, olhar por olhar, ouvir por ouvir... Só que isso empobrece a vida da gente.

Nossa vida vai caindo numa mesmice diária, justamente porque a gente não está aberto.

A6: É a qualidade do contato, né?

P: É.

A6: Porque não tá em contato, sem qualidade.

P: É, o contato fica pobre.

A6: É supercomplexo.

P: Extremamente.

A gente começa a se anestesiar. Você chega num ponto, você toca uma pessoa querida, por exemplo (toco no braço de uma aluna) e não sente mais, o contato fica até incômodo, aquela coisa que não dá liga...

Anestesia. A gente vai reduzindo as oportunidades de contato.

Agora quando esse contato é demasiadamente reduzido, isso se transforma numa disfunção de contato, que a gente vai ver depois, tá?

A1: Eu fiquei pensando, tem a ver, na coisa da distância psicológica, da individuação, não da distância psicológica, para poder encontrar o diferente, senão você não encontra.

P: E como você encontra?

(silêncio)

Você acabou de fazer isso. Percebendo. Identificando uma cadeira, uma pessoa. Você só pode saber o que não é você, se sua percepção estiver funcionando.

A1: Eu tava pensando diferente.

P: Como?

A1: Por exemplo, numa relação onde eu não tenho ligações afetivas, é muito fácil perceber. Eu tô lá no bar, é fácil perceber o eu-não eu, a cadeira, o outro. Mas a partir do momento que eu me vinculo ao outro... bom, eu só me vinculo porque sou diferente, né?

Se eu não tiver noção do meu tamanho nessa relação, onde eu começo, onde eu termino, onde o outro começa, onde o outro termina, não tem esse contato, né?

Aí você toca o outro e nem sente que está tocando.

P: Você olha e não vê. É como a pessoa que projeta. O que acontece com ela, gente?

A6: Ela acha que vê.

P: É.

A10: Ela se mistura com o outro, se confunde.

P: Exatamente.

A6: Ela não sabe onde ela começa e onde ela termina.

P: Vou dar um exemplo. Uma cliente uma vez me disse, ela estava falando, falando, falando, ela olhava para o chão, ela fica muito de olhos fechados. Aí chegou uma hora que ela falou que eu tava rindo dela.

Eu disse pra ela que eu tinha a impressão de que ela estava falando de uma outra pessoa, que não eu.

E pedi que ela olhasse pra mim. E me contasse o que estava vendo.

Qual a função de contato que eu estava trabalhando? Que ela estava interrompendo?

A5: Olhar.

P: Ela estava olhando pra dentro dela. Ela estava falando de alguém que estava no mundo interno dela. Não estava falando de alguém que estava na frente dela.

A6: Ela não tava te vendo.

P: Como a gente sabe o que está se passando?

Quando a gente olha, quando a gente ouve, quando a gente toca e quando a gente confia na percepção da gente.

Porque muitas vezes um cliente percebe e não confia no que está percebendo.

A1: Não se apropria, né?

P: Não. Muito provavelmente ele também não ouve. Como, por exemplo, tem cliente que acha que tudo o que você fala, você está cobrando...

Aí nós vamos lá para a função escutar.

Quem fez?

Como isso se dá na função escutar? Vocês percebem, na relação terapêutica ou não?

A gente sempre ouve da mesma maneira?

A7: Cada um ouve de um jeito. Às vezes uma mesma coisa cada um ouve de um jeito. Fica aquela discussão, em cima da discussão, que não chega a lugar nenhum.

P: Porque não estão se ouvindo. Ou então estão se ouvindo de forma distorcida.

A3: É que a gente usa certos referenciais, né? Não é ouvir literal, é escutar.

P: Porque a gente faz um filtro. Tem um autor que fala que "existem ouvidos que são virginais. Nunca foram penetrados. E falas que parecem um estupro".

A6: É verdade.

P: Acho que essa frase ilustra bem. O ouvido virginal é aquele que não ouve o que está sendo dito pelo outro.

(O gravador pára de gravar e eu não percebo; vou me dar conta um tempo depois.)

Religo o gravador quando dou um exemplo:

P: Um cliente conta que durante um passeio sentiu-se só, mas diz isso de modo rápido no meio de frases a respeito do que fez e seus detalhes. Peço que ele repita apenas a frase que disse, "eu me sinto sozinho", várias vezes, procurando ouvir o que estava dizendo. Sua voz vai baixando de volume, ficando grave e com certo "peso". O ritmo da fala diminui.

A10: Quanto mais ele vai entrando em contato, vai ficando coerente, né? A solidão com o timbre de voz, o peso.

Isso foi uma coisa que eu senti no experimento que a gente fez.

Foi uma coisa interessantíssima que aconteceu comigo e depois eu percebi. Porque num primeiro momento eu tava prestando atenção mais na voz da A9, né? Eu fiquei assim superimpressionada com a coerência do conteúdo, com a linguagem, com a voz... o conteúdo com todo estilo de voz... estilo mais baixo, mais lento... Aí eu fui me dar conta de como estava a minha voz pra ela. Eu fui tentar perceber a minha voz. E aí quando eu tava... quando eu tava escrevendo eu pensei: Nossa! Que coisa, né? Assim eu tava sentindo que a minha voz tinha mais vitalidade que a voz dela, mas eu tava encobrindo alguma coisa... minha voz não tava coerente! Sabe? Foi muito interessante, um exercício e tanto!

P: Você também tá mostrando dois exercícios que a gente pode trabalhar em terapia. O primeiro é você poder perceber essa diferença entre a voz, o conteúdo, a entonação.

(exemplo) "Eu tô muito triste hoje, tô chateada". (Digo isso rindo, falando com descaso)

Tá condizente?

Ou então:

"Ah! Eu tô muito feliz". (Digo isso cabisbaixa, com desânimo)

Tá dissociado!

Um exercício para vocês na relação com o cliente é: pare de prestar atenção no conteúdo do que ele está falando e comece a prestar atenção na entonação... volta para o conteúdo, vai para a entonação. Tenta perceber se está coerente ou não.

Outro: percebam a voz de vocês como terapeutas.

Quando a gente está trabalhando com conteúdos muito difíceis, né, você precisa ter uma suavidade. Quando você está trabalhando com a dor, na ferida... ninguém vai numa ferida e faz (faço um gesto bruto de abrir), a gente vai suavemente. A gente fala devagar, baixo, com suavidade, com delicadeza. (Digo essas palavras modificando minha voz para mostrar como)

Se você está trabalhando com o cliente um limite, você vai falar assim, o que está acontecendo. (Baixo o volume da voz, falo devagar, para dentro)

O que vocês acham que vai acontecer?

A6: Ele não vai ouvir. Ele vai dormir. (risos)

P: Se você está colocando limites, você precisa falar com firmeza.

Muitas vezes o cliente chega e diz: "Mas eu falo para as pessoas que eu não gosto que façam isso!".

E o terapeuta pode dizer: "Como é que você fala?".

"Ah! Eu falo assim, assim..."

"Então fala assim comigo."

Normalmente ele não se dá conta do seguinte: de como ele fala e o outro não ouve.

Se o outro não ouve é preciso falar de um jeito diferente. Tem pessoas que só vão ouvir se vocês chegarem nelas e disserem com firmeza: "Eu não quero que você faça isso!".

"Ah! Eu falo pro meu filho cem vezes pra ele tomar banho, ele não vai, eu me esgoelo".

Não é o volume da voz: Ah! Ele não ouve?

O que a gente faz com uma criança que não quer tomar banho?

A12: Pega e leva pro banho.

(burburinhos, risos)

P: Então essas distorções de voz, nós vamos encontrar muito.

A13: Eu tenho um cliente... (Não ouço a gravação)

É a terceira vez que a mãe vem para a sessão, pede pra entrar antes dele, e diz que às vezes ele está levando advertência na escola. A escola mandou uma carta pra gente. Daí quando ele veio, é por causa de briga na fila, na hora do recreio e tal. Daí ele falou que não, que as outras empurram ele. Ele falou: mas eu já falei pra elas pararem de me empurrar. Ele fala isso rindo, brincando. Eu já falei, eu já falei.

Se você está falando desse jeito, jamais as crianças vão parar de te empurrar. Ele estava rindo pra mim, né? (Não ouço a gravação)

P: Qual a função de contato que você estava trabalhando com ele?

A13: A fala, a voz. O conteúdo da fala, não havia... não tinha problema, ele tava comunicando, mas o como ele estava comunicando é muito importante.

P: Para a gestalt o como sempre é muito importante.

A12: Engraçado... Eu tenho uma cliente que acusa os outros de não ouvi-la. Mas a história dela de vida tem uma história de não confirmação da escuta. Ela não se sentia nunca escutada. Parece que esse como vem pra confirmar que ela não é escutada. Ela se irrita muito. "Ninguém me escuta, a vida inteira ninguém nunca me escutou." Ela fica num círculo vicioso.

P: Ela te desafia nesse sentido?

A12: Não.

P: Porque o cliente, às vezes, quando conta isso, ele provavelmente "provoca" situações para que você pare de ouvir. E quando você pára de ouvir, ele vai perceber.

Só uma dica: pode ser que ela não faça isso. Mas se dê conta se ela não tenta... porque tem cliente que faz a gente parar de ouvir, né? Ou fala demais, ou muito depressa, ou começa a defletir, você faz uma pergunta ele vai parar laaaá...

A12: Ah! Isso acontece. Às vezes eu tenho que falar: "Espera aí, vamos voltar".

P: Quando você fala "espera, espera aí, vamos voltar", o que está acontecendo?

A12: Ela foi e eu fiquei.

P: Ou ela tentou te levar para lá...

A12: Ela fica com a chave do carro balançando. Ela tem muita pressa! "Eu tenho X anos, a minha primavera acabou."

(burburinhos)

A?: Nessa pressa ela não entra em contato.

A?: Não vive.

(várias falas ao mesmo tempo)

P: Vocês já devem ter experimentado isso. A mudança da noção de temporalidade.

Se vocês forem para Santa Rita dos Quatro Coquinhos, onde não tem hotel, dorme na rede, índio, não tem trânsito, como fica a noção do tempo?

(várias falas ao mesmo tempo)

A?: O tempo rende.

A1: Tem o tempo de dentro. Você fica mais em contato.

A6: Você discrimina melhor. Não tem overdose de estímulos.

A10: O contato fica mais rico.

A3: Não tem rigidez de horário, pelo menos quando eu viajo...

P: Essas coisas que vocês estão falando, como interferem no contato?

(Falam ao mesmo tempo)

A?: Enriquecem.

P: É a tal história, você olha, ouve grilo, às vezes nem dorme por causa do silêncio, o ar é diferente, na fazenda o céu é cheio de estrelas, que aqui a gente não vê.

(várias falas)

P: Gente, vamos voltar?

A7: Eu morava... (Não ouço a gravação – a aluna fala sobre barulho de caminhões com o qual se acostumou)

P: Isso é seleção. É como uma mãe. Pode passar um caminhão, fica passando um caminhão e ela não acorda. Se o bebê fizer um "nhé"... ela está em outro quarto, ela acorda.

A6: A função de contato está seletiva nesse momento. Esse exemplo que ela tá trazendo eu acho rico, assim, porque é importante até a gente anestesiar, de não ouvir, é o que eu falo sempre, é uma forma "ajustativa", né?

P: Ajustamento criativo.

A6: É.

P: Gente, eu tenho uma proposta. A gente falou mais do ver e do ouvir, e eu queria falar mais especificamente das outras funções. Então na primeira meia hora da aula que vem a gente termina isso, tá?

Aula

Data: 10/9/97

P: Vocês têm alguma coisa pra dizer, pra acrescentar sobre a experiência que vocês fizeram?

A: (várias falas)

A2: Eu tentei ficar no bar olhando as pessoas, mas eu não consegui ficar parada, né? Aí saí andando pelo Sedes inteiro.

Descobri um monte de coisas que eu não via... um vaso de flor ali no canto. Percebi muita coisa que eu não tinha visto, ainda não... pessoas conversando... Mas assim, de certa forma, me incomodou um pouco, porque eu não conseguia olhar para as pessoas, não conseguia ficar parada olhando, aí eu saí andando. Eu sentia assim, que eu tava olhando as pessoas e tava incomodando, mas eu acho que... eu é que tava incomodada, né?

Você colocou isso na aula passada, que eu achei importante, sobre o jeito de olhar. E eu percebi que é uma coisa minha mesmo, né?

Talvez as pessoas nem tivessem percebendo que eu tava olhando, mas eu é que tava me sentindo muito incomodada de olhar.

P: E eu acho que você percebeu alguma coisa nova sobre seu jeito de olhar... Como é que você olha...

Parece que você percebeu que olha com a sensação de que está invadindo, invadindo a privacidade da pessoa... Acho importante você ter-se dado conta.

A experiência foi bem isso, da gente se conhecer um pouco, de conhecer como a gente se comunica, como capta e transmite informações, de como filtra...

O que a A2 tá falando, gente, é muito importante, porque o olhar está sempre relacionado com nossas emoções, com nossos pensamentos, nossas dificuldades, as nossas defesas, medos, enfim, por isso se torna um jeito singular de olhar, né?

Então acho que você está contando sobre o seu jeito.

A2: Então, por exemplo, quando eu tava olhando, eu ficava imaginando que a pessoa ia pensar: "O que essa doida tá me olhando?", e então eu percebi que quando eu olho eu sinto uma certa tensão...

P: Você se deu conta de uma coisa que você não tinha se dado antes. Acho que a experiência acrescentou alguma coisa a seu respeito. Você conheceu um aspecto seu que você não conhecia...

Acho que ela também está contando como é difícil muitas vezes, pra gente, olhar, ser olhado, como a gente não aprendeu a olhar mesmo. Se alguém começa a olhar muito, a gente começa a achar que está sendo paquerada ou que alguma coisa está errada...

(risos)

E se pergunta: O que é que tá querendo comigo? Tá me encarando muito. Tá olhando muito pra mim, será que tem alguma coisa fora do lugar?

A6: O zíper tá aberto...

P: A calcinha tá aparecendo.

(risos)

Como a gente não está habituado a ser mesmo visto, né?

A gente vai também perdendo a habilidade de olhar, sem ser através de, batendo o olho.

A6: Eu tava vendo uma reportagem outro dia, de como as pessoas se comportam dentro do ônibus é... em todos os lugares, em vários países, né?

Então tem uma coisa cultural, de que as pessoas não devem se olhar... então isso também tem uma certa influência, né?

P: É, bastante forte.

A6: Acho que a gente acaba incorporando isso.

P: Acho que isso também tem muito a ver com o toque. O brasileiro tem o hábito de pegar, de abraçar, de beijar. Se você vai à Europa ou aos Estados Unidos e tem essa atitude com uma pessoa que você acabou de conhecer... Eles mal te estendem a mão.

A6: Isso aconteceu comigo quando eu fui morar na Argentina. Eu tinha fama de ser muito dada. Brasileiro, aqui, é malvisto, se você começa a cumprimentar todo mundo com entusiasmo... (Não ouço a gravação)

(risos)

P: Preconceito, né? A gente é mais solto.

Tá bom A2, você percebeu algo...

A2: Eu mais ou menos já sabia, mas eu experimentei.

P: Você experimentou... Muito bom.

A1, quer comentar alguma coisa?

A1: É assim, né? Que, eu percebi, que a gente vê, a gente seleciona o que quer ver, e... eu percebi uma coisa do macro para o micro, de repente você olha pro todo, pra depois chegar nas partes, né? E às vezes eu nem vou pras partes, fico só no todo mesmo. Às vezes me incomoda ficar focando assim, detalhes. Eu posso tá conversando com você e dizer assim, que roupa a A7 tá? De repente eu não sei dizer. Então isso me chamou a atenção de mim, né?

Só que depois eu ampliei, levei pra vida, comecei a perceber, mesmo, como eu me relaciono com a questão do olhar, porque essa semana isso ficou muito vivo pra mim, né?

Mesmo essa coisa da paquera, de você estar num carro, uma pessoa te olhar..., que é esse outro?, é o novo, é o diferente, né? Essa coisa de olhar e ser olhado é difícil mesmo.

De repente, assim, pode não ter a paquera, mas por que de repente, a gente não pode ser simpático... alguém olha, ri, sorri, você sorri também... então eu tava experimentando, vendo as minhas emoções e os meus sentimentos nessa relação. Com o diferente, com o novo, o desconhecido, né? Então foi isso, bastante difícil. (ri)

P: Acho que o que você está falando, A1, é importante não só na vida pessoal, mas na relação terapêutica também. Esse olhar que foca e fica com aquilo que é. Seja o modo de vestir, o jeito que o cliente se senta, o olhar que ele tem, o maneirismo, tudo isso é muito importante. E você poder, também, ampliar esse olhar. Acompanhar a energia...

Por exemplo: a A10 tá lá com o lápis batendo, né? De repente, isso chama a minha atenção. Mas é importante ampliar a percepção, olhar pra ela inteira...

A1: Eu percebi que...

A6: Mesmo o terapeuta não vai olhar do mesmo jeito, porque aquele encontro é único, as possibilidades que vão surgir daí são diferentes...

A1: Eu percebi que tem coisas nessa questão do olhar, às vezes, você olhar para determinadas coisas, eu acho que acaba sendo até meio cultural, você deve fazer de conta que não está vendo, então quando eu tento focar naquilo, eu vou olhar, eu vou romper ou quebrar essa regra, como é difícil olhar para aquilo que não deve ser olhado...

P: É, "o rei está nu!".

A1: É! Exatamente.

(burburinhos)

P: Vocês conhecem essa história? A criança gritava: "O rei está nu! O rei está nu!". As pessoas: "Imagina!, você está vendo coisas!". Acho que é isso que a A1 está falando. Quer dizer, finge-se que não está acontecendo.

A5: Conta! Conta!

P: Essa história fala de um rei, que resolveu sair nu, só que ele era o rei, e ninguém podia apontar... É uma metáfora. Ninguém podia apontar um defeito ou expressar sua realidade, então, os seus súditos, numa passeata, agiam como se o rei estivesse vestido normalmente, ninguém se espantava, afinal, ele era o rei. Até que uma criança aponta e grita: "O rei está nu!".

O que acaba acontecendo? Tentam convencer a criança de que ela está imaginando coisas. A criança é a "louca".

Isto diz respeito a uma realidade que a gente vivencia desde criança, a gente é ensinado a desconfiar e deixar de ver o que está vendo.

A1: É a desconfirmação, né?

P: É. É a desconfirmação, que vocês vão estudar mais pra frente. É como a criança que cai, se machuca, diz que dói, e falam pra ela: "Imagina! Não doeu! Não foi nada!", ou como a criança que chega pra mãe e diz: "Vocês estão brigando!". E ouve: "Não, aqui não tem ninguém brigando! Só estamos conversando!".

(risos)

Porque é lógico que a voz dos pais muda, e olha como a criança tem percepção disso! Ela ouve o aumento do volume da voz, a velocidade da fala, e diz que eles estão brigando e ouve que só estão conversando. Em outras palavras "a louca é você".

A14: Tem até mudança na expressão facial...

A6: Isso gera alienação na criança... a criança fica alienada, depois tem que procurar terapia depois de uns anos...

P: Os pais às vezes fazem isso com boa intenção; e é por desconhecimento e por não saberem também que estão invalidando a percepção da criança.

Isso que você tá falando de poder observar como a gente olha e o que a gente deixa de olhar, é importante...

Tudo bem?

Agora A11 e A12, vocês querem comentar alguma coisa sobre a experiência de vocês?

A12: A primeira coisa que me veio é que escutar aqui foi uma experiência completamente diferente do consultório. Lá eu fico mais como observadora da linguagem do outro, e aqui a gente tava trocando. Isso foi uma coisa que me chamou a atenção. Teve troca de experiências, de valores, de dúvidas, né? Eu pude ver o meu conhecimento de algumas coisas e aumentar o meu conhecimento sobre ela. Houve identificação de idéias. (Não ouço a gravação)

A11: O que me marcou foi que eu pude estar integrando outras funções de contato. Falando, a gente também escuta, toca...

Pra mim ficou mais a sensação de integrar. Eu percebi não só o conteúdo do que ela tava falando, mas a maneira.

Tem até um caso que tô atendendo que tá meio desconexa a fala do conteúdo, na relação da mãe com a filha. Ela tá brigando, mas ela quer ser doce, ela é superagressiva na fala, então os contrários, dá pra ver bastante. O conteúdo e maneira de estar falando... deu pra entender bastante, né? Acho que foi isso.

P: A A11 tocou numa coisa importante, que é a questão do contexto, né? Obviamente se você está no contexto terapêutico, sua escuta vai ser diferente de quando você está num contexto acadêmico, ou "batendo um papo". E a linguagem também vai ser outra. Acho que o que você tá falando, A12, é que uma função não ocorre separada das outras. As coisas acontecem em conjunto e existem padrões na fala, que no consultório a gente precisa prestar atenção, tá?

Uma das coisas muito comuns que acontecem e que vocês devem observar, é quando o cliente omite determinadas partes da fala. Por exemplo: uma cliente chega e diz: "Eu prometi fazer tal coisa". Que informações estão faltando nessa frase? Do que vocês sentem falta?

A: Pra quem.

P: Essa é uma pergunta importante do terapeuta fazer.

A6: Que coisa?

P: É. Quando? Pra quê?

Óbvio que você não vai fazer um batalhão de perguntas, uma atrás da outra, né? Então você tem que perguntar, quem?

Isso acontece quando a pessoa não está entrando em contato com o que fala. Ela fala, por exemplo: "A gente. Porque a gente resolveu que não vai mais conversar sobre esse assunto".

A: Ou usa muito "ele".

P: É. E às vezes o cliente usa vários "eles" e você precisa clarear de quem ele tá falando.

Então, um exercício importante pra fazer com o cliente é pedir para que ele diga "Eu". "Eu resolvi que não vou falar mais no assunto."

Ou então tem cliente que usa muito "você". "Porque quando você vai sair com um cara que você nunca viu." Quem é esse você?

A6: É defesa.

P: É. Então quando "eu vou sair com um cara que eu nunca vi". Isso é muito rico porque promove contato, responsabilidade... Quando se corta o sujeito da ação...

A6: (Não ouço a gravação)

A5: Tem pessoa que volta a questão pro terapeuta, né?

A6: É.

P: Vocês vão ver isso mais pra frente, mas quando o cliente faz muita pergunta a gente trabalha com o cliente pedindo pra que ele faça afirmações em vez de perguntas. Por exemplo: "Você acha que eu sou louco?".

Não estou dizendo que toda vez que o cliente pergunta isso, você deve fazer aquilo. Depende do cliente, do momento, da função da pergunta, porque para determinado cliente você precisa dizer: "Não, você não é louco", pra outro, você pode dizer pra ele: "Afirma o que você está perguntando", então ele diz: "Eu sou louco", aí ele vai ver qual é a ressonância que essa fala tem dentro dele, né? Se isso é ou não uma verdade dele, o que acontece que ele imagina isso, ou se sente desse jeito.

A6: Naquele contexto onde isso é permitido.

P: É.

Mas não há regra. Agora, uma dica, é essa, você tentar clarear com o cliente o que aquilo significa, né? Sobre o que ele está falando, de quem ele está falando, pra quem... Por exemplo: Uma cliente fala muito "na minha família, as pessoas não costumam aceitar quando eu expresso os meus sentimentos". "Quem da sua família?" "Ah! O meu pai." Aí ele pode te contar alguma coisa da relação dele com esse pai. É diferente de ficar falando a família, a família...

A6: Você precisa saber de onde vem...

A5: Às vezes você percebe que a pessoa não consegue discriminar quem... "Todos são assim... mas quem é mais... acho que todos mesmo."

A6: Ela fica insegura... (Não ouço a gravação)

P: Quando você pergunta quem ou pede para que conte uma situação, você começa a aproximar, a ajudar o cliente a delimitar a figura. A pergunta quem, como, às vezes é importante perguntar, "quando?", "onde?", tá?

Então, tudo o que nós falamos é sobre a função linguagem, dessa função de contato.

Então observem o que o cliente omite, o que fica como fundo na fala dele. E tem outras coisas que precisam ser observadas e que são formas de impedir ou dificultar o contato.

Por exemplo: Superexplicar. O que é superexplicar?

A5: Explicar demais.

A1: O cliente busca o perfeito, que fique tudo perfeito.

A6: Detalhado...

A10: Minuciosa...

A5: Repetitiva...

P: É. É o cliente que intelectualiza muito. Isso é muito comum em clientes psicólogos, né?

(risos)

Fala uma coisinha e sai com um caminhão de explicações, tá? Você pede para contar como, o que e ele foge para a explicação, vai para o porquê. Quem superexplica usa muito o porquê. "Porque meu Édipo...", "Porque quando eu era criança minha mãe...", ou então interpreta muito, "Porque eu sei que é defesa minha, mas...", "Eu tenho consciência..."

(risos)

E continua se defendendo da defesa!

(risos)

Essa é uma das maneiras de evitar o contato.

Uma outra coisa importante é o uso do "Sim-mas"; o cliente que usa muito, "mas..."

"Como foi seu fim de semana?"

"Foi bom, mas..."

A6: Ele invalida tudo.

P: Invalida. O mas "joga fora o que vem antes".

208

Outra coisa que você pode usar para promover o contato é pedir para o cliente parar a frase.

"Repete a frase, só que põe ponto em vez de mas."

"Como foi seu fim de semana?"

"Foi bom."

"Fique um pouco com isso."

"Como foi?"

O que o terapeuta está fazendo nesse momento?

A1: Ajudando ele a não estragar o que é bom, né?

(várias falas ao mesmo tempo)

P: De ficar com isso.

A6: Ele tem que incluir o negativo também.

P: Isso. Se apropriar do que e como está sendo dito. A A6 tá falando uma coisa importante: não dá também pra jogar o que vem depois fora.

Por isso a gente pode pedir para que ele repita a frase, só que em vez de usar "mas", pede-se para que ele use "e", entre as frases. "Foi bom e ruim."

A1: Porque aí ele inclui as duas experiências, né?

P: Exatamente.

A1: Integra.

P: Integra.

A6: Porque o "mas" é a coisa de ficar na cisão, né?

P: Isso. É isso aí. Então quando você pede "e", você pode explorar tanto o que vem antes como o que vem depois. Tem cliente que diz "Puxa eu nunca imaginei que eu pudesse estar alegre e triste ao mesmo tempo, e eu estou".

Por exemplo: uma pessoa acaba de se separar num casamento que tava ruim. O fato da separação às vezes traz muito alívio e muita dor e tristeza. Uma mesma situação pode ser vivenciada de forma aparentemente contraditória.

De fato é um alívio, porque tava difícil, tava pesado, não tinha mais comunicação etc. etc., e também há dor, pois você viveu tantos anos com aquela pessoa, você tem uma história com ela, você teve sonhos, fantasias, que quando você se separa, morrem. Então isso traz dor. E vai ser importante o cliente se apropriar tanto do alívio como da dor.

Como tá pra vocês, isso?

A5: Muito bom.

P: Tudo bem?

Então, quando aparecer o "sim-mas", procure explorar o que está acontecendo.

A12: Também tem o contrário, né?

Tem casos que ele diz "não, mas".

P: Hum, hum.

A12: Eu tenho uma cliente que não quer entrar em contato com a dor, a rejeição, é uma pessoa adotiva e tal... ela parava no "não" e chorava...

P: Você tá falando que pode acontecer o oposto, primeiro se nega, depois se afirma....

A12: (Não ouço a gravação)

P: Você tem que procurar com o cliente, qual é a sua verdade. É a primeira, a segunda ou as duas.

A6: Mas nunca num começo de atendimento, né?

P: Não, não. Porque aí já é trabalho, né, A6?

A6: É. Tem que ter suporte, né?

P: Lógico.

A6: Senão você vai logo cutucar a ferida ali.

P: Como qualquer outro exercício. Você não vai numa primeira, segunda ou terceira sessão entrar com esse nível de trabalho, tá?

Depois vocês vão ver melhor, que existe a chamada gradação. Você precisa avaliar quanto suporte o cliente tem, de auto-suporte, que nós vamos ver hoje o que é, pra dar conta dos conteúdos que ele vai estar contatando.

Que mais, gente?

Quais as outras distorções de linguagem?

A5: Acho que tem a coisa do simplificar.

P: Como é que você vê isso, A5?

A5: É como quando a gente pergunta pra um casal: "Como está seu relacionamento?".

"Normal."

A2: Eu tenho um caso..., que eu pergunto: "Como você está?".

"Mais ou menos."

(risos)

P: O que a A5 e a A2 estão falando é sobre respostas classificatórias, né?

Usar categorias para responder,"normal","legal", né?

Isto não conta nada a respeito da pessoa.

210

A5: Esse que fala "normal", eles estão querendo adotar uma criança, aí ele tá contando alguma coisa, e o lance dele é falar assim: "Sem problemas, sem problemas".

(risos)

P: Isso é interessante, depois... Esse tipo de fala, normalmente é introjetiva. Numa terapia individual, você pode pesquisar de onde vem esse tipo de fala, né?

Uma pergunta que a gente usa em Gestalt-terapia é: "De quem é essa voz?", "Você conhece alguém que costuma dizer isso?".

Normalmente essa maneira de lidar com as coisas vem a partir de introjeções. Provavelmente, o pai, a mãe, alguém da família... Isso é só uma hipótese, tá?

Essas frases prontas, clichês, são coisas engolidas, né?

A: (falas simultâneas)

P: A5, você ficou com uma carinha assim...

A5: Achei legal. É uma dica. É uma dica.

P: Hum.

A5: É uma pra quem tá atendendo.

P: É... tenta. Isso não quer dizer que é assim. Foi o que me veio agora, um pouco... Tenta explorar, de onde vem essa fala.

A5: É.

P: Você falou uma coisa agora há pouco, que também é muito importante, que é outra distorção, que é repetir.

Tem cliente que fala cem vezes a mesma coisa. Você pergunta e ele volta. Obviamente que isso tá relacionado à situação inacabada. Se o cliente volta dizendo a mesma coisa isso é uma expressão da situação inacabada. Mas repetir também é uma forma de não contatar, né?

Já viu como um bêbado repete histórias?

Às vezes isso acontece, a gente acha que não contou e já contou. Mas se você sempre faz isso, aí complica! Se você está sempre repetindo história, alguma coisa tem aí, tá?

A6: É aquela sensação... O cliente sempre traz uma frase que ele acha legal, pra colocar num momento, numa frase... (Não ouço a gravação)

P: Isto sinaliza alguma coisa, né, A6?

A6: Eu tenho uma cliente que sempre fala "que nem looping", "que nem looping".

P: Aí vale a pena trabalhar. Vocês vão aprender um experimento...

"Então, feche os olhos e se imagine num looping. Conta pra mim... Como é que você se sente aí?"

E aí você vai explorando a experiência, né?

É óbvio, gente, que é preciso cuidado para usar essas técnicas. Eu sempre tô falando isso, né?

Eu dou alguns exemplos, pra vocês perceberem certas maneiras de trabalhar.

(Termina a fita, viro o lado, e só ao final da aula percebo que não apertei o botão "rec", apenas o "play". O restante da aula, portanto, não foi gravado.)

Aula
Data: 22/10/97

(Peço para que os alunos se dividam em duplas e contem uns para os outros como se percebem e como percebem o colega. Peço para que façam afirmações começando cada frase com a palavra "agora...")

P: Quem quer começar a comentar a experiência?

(burburinhos)

P: O aqui-e-agora está bom, né? Está quente?

A6: Caliente...

P: Quem experimentou essa sensação de calor?

(Eu percebi que a maioria dos alunos estava com as "maçãs" do rosto ruborizadas, com exceção de duas alunas; eu mesma estava sentindo calor no rosto; a noite estava amena.)

A10: Eu.

A6: Eu. Mas ainda não é menopausa!

(risos)

P: Não, é o aqui-e-agora!

(risos)

P: Mais alguém experimentou?

(burburinhos)

A4: Eu.

P: Então vamos lá.

A13: Foi engraçado! Quando ela falava alguma coisa de mim, eu nem tinha percebido que eu tinha feito. Por exemplo: que eu olhava pra cima várias vezes, o que eu tava fazendo, né?

Daí eu percebi o quanto eu olho pra cima, como mexo os olhos, as mãos. Que eu virava, que eu tava meio torta. Eram coisas que eu tava fazendo sem me dar conta. Eu tava olhando pra ela e a hora que ela falava, que eu dava uma paradinha, eu falava: "É mesmo!".

P: E como foi pra você ouvir a A15 falando de como ela tava te percebendo?

A13: É engraçado! Nossa! Olha quanta coisa que eu faço que eu não percebo! Os movimentos que eu tenho que eu não percebo. E eu fiquei pensando: imagina num dia inteiro, quanta coisa que eu faço sem perceber!

P: Então foi meio surpreendente perceber quanta coisas você faz sem se dar conta...

A13: É. E na quarta-feira eu venho da terapia pra cá, e meu terapeuta pediu pra eu voltar numa fala minha, e eu insistia em falar de uma outra coisa... (Não ouço a gravação)... e aqui eu lembrei do que ele falou, e ria, né? De novo, eu tô fazendo igualzinho, né?

P: Você contou pra A15 que você tava se lembrando?

A13: Depois, né? Quando a gente terminou, eu comecei a rir, daí eu falei...

A1: Pra mim ficou uma coisa muito assim de tá percebendo a qualidade do contato, né?

É... em cada momento, eu experienciei dificuldade, tranqüilidade, e depois fiquei pensando assim, que às vezes o contato, com a mesma pessoa, a qualidade, fica diferente, e se mudar a pessoa, também fica diferente, né?

Fiquei mais com a qualidade do contato.

P: E como foi pra você perceber que a qualidade muda?

A1: Não sei. (ri)

P: Então essa foi a sua experiência.

Acho que você tá falando da maneira como você percebe o companheiro, mas quais foram as sensações que você experimentou? Agradável, desagradável...

A1: Eu comecei rindo e, ao mesmo tempo, eu tô com gases no estômago, eu tô com gases e ao mesmo tempo tô tranqüila.

P: Acho que você foi percebendo que você vai mudando, o seu foco vai mudando, a atenção vai mudando...

A1: É. Quem nem, eu percebi que coisas que ela falou, eu fiquei tranqüila, outras me deu um pouco de ansiedade, depois eu voltei a ficar tranqüila...

Percebi que é uma coisa que mexe... (silêncio)

P: Quem mais quer falar?

A4: (tosse) (Teve vários acessos de tosse durante o exercício; pareceu-me uma tosse "nervosa"; antes do exercício fiz uma síntese da aula anterior e ela não tossia; ela saiu da sala antes do término do exercício e voltou.)

Pra mim ficou bem claro, quando eu tava fazendo (tosse), que é muito difícil perceber o que está acontecendo... porque a gente fica na teoria, mais no racional, e o que está acontecendo aí, né?

Te foge. Quando eu tô na terapia, às vezes eu falo: "Ah! Isso eu sei", "Ah! Mas eu sei aqui" (Aponta para a cabeça). "Eu não sei aqui" (Aponta para o peito).

Que nem no workshop do Paolo. Eu tava trabalhando um sonho e eu não tava falando tudo. E ele percebeu o que eu tava fazendo e perguntou: "Você se convenceu?". E eu disse sim. Era mentira, eu não tinha me convencido. (ri)

Mas já tava bom pro meu gosto. (tosse e ri)

E ele disse: "Mas você não me convenceu".

(risos)

Eu pensei: "Nossa! Como ele é inteligente!".

P: Não é só inteligência, é "awareness". É observar...

A4: É, ele tava vendo, percebendo. Aí então eu disse pra ele: "Ah! Você sabe o que que é... eu empaquei" [...] Aí ele falou: "Mas não é assim então, né?".

E assim, isso aconteceu muito comigo. Aqui tá acontecendo também. (tosse) Eu tava tossindo e eu não tinha me dado conta, que tava tossindo agora também... (Não ouço o restante da fala)

P: Acho que você pôde vivenciar que é diferente de saber...

A4: É. Não. Às vezes eu sei disso. Eu entro em contato com isso...

P: E como é pra você ter se dado conta aqui?

A4: Ah! Eu acho interessante. (Faz uma expressão de desagrado e ri)

(risos)

P: Olha que eu faço a mesma pergunta, hein?

(risos)

A4: Não, não. É que tá bom até aqui.

P: Ah! Agora tá bom.

Isso é muito importante. Parece que tem uma coisa do "deve". Precisa tomar cuidado para não criar um "deveria". Não é fácil mesmo a gente se dar conta de algumas experiências. A gente não está mesmo habituado, não sabe às vezes lidar com isso. A gente tá mais acostumado a pensar.

Não sei se vocês perceberam no texto como o Perls fala do agora. Quando a gente percebe e pensa no que aconteceu, já passou...

É importante que a gente veja o agora como o ponto zero, de onde tudo pode partir...

É difícil estar no agora... Quando você toma consciência o agora já é outro...

O importante é o processo e não só o momento.

O que a A4 estava contando do processo dela de se dar conta de que ela não se dá conta desse comportamento. É diferente se ela ficasse apenas sem se dar conta. Ela não teria esse movimento de perceber que algo incomoda, e que, por outro lado, é interessante se perceber.

Que mais, gente?

Como foi a experiência de outras pessoas?

A5: A gente fez em três, né?

Eu senti assim, muita energia no contato. Deu um pouco de calor, minhas pernas ficaram quentes, meu pé tava formigando, né?

É muito da coisa, pra mim ficou muito o não-verbal...

P: Hum, hum.

Você prestou atenção...

A5: Eu percebi que eu não costumo usar... que eu posso usar mais esse canal.

A10: Deixa eu contar como foi essa coisa de não-verbal.

Eu tava me expondo, né, falando de como eu tava me sentindo agora, aí surgiram muitos sentimentos fortes (eu percebi durante o exercício os olhos da aluna marejados). E aí eu ia falando e eu tava mexendo os dedos assim (mostra), a minha mão, eu tava... aí elas olhavam pra minha mão, e eu comecei a olhar pra mim e pra minha mão (ri), e aí eu fui me dar conta de que eu nunca tinha percebido, eu sempre mexia muito os dedos e eu não sabia por que, assim, e aí eu me dei conta de que quando eu tô tensa, eu mexo muito os dedos, e eu acabei de descobrir isso agora!

A6: Isso emocionou muito a gente!

A10: Eu achava assim, ah! Eu não fiz minha mão, minha cutícula tá me irritando, ah! Esse cantinho, sabe? Maior mentira!

(risos)

Aí deu o maior calor!

P: Você teve awareness.

Você vivenciou o mexer os dedos com awareness, e as colegas compartilharam, né?

A10: Foi muito forte pra mim, mesmo.

P: Você está contando também da mobilização de energia. Quando você está presente, olha a energia que flui!

Olhem umas para as outras agora.

O que vocês observam?

(risos)

A10: Eu tô sentindo que eu tô queimando! Minhas mãos estão muito geladas e eu tô pelando aqui.

A2: A A6 tá vermelha.

A10: Eu também.

(risos)

P: Eu percebo que a maioria está. Inclusive eu.

(risos)

Estamos vivendo alguma confluência aqui!

(risos)

Eu tô percebendo que muitas de vocês estão coradas.

A10: E quem não está parece que o olhar tá mais aberto.

P: É. A energia que é mobilizada, as emoções.

O que isso tem a ver com a teoria do aqui-e-agora?

A6: Eu acho que sim.

P: Com o quê? Alguém faz alguma ponte?

Qual a importância do aqui-e-agora?

A?: Porque só assim a pessoa vai se dando conta dela...

P: E o que acontece?

A2: Ah! Eu fui ficando vermelha, e aí eu pude perceber, fui me dando conta de uma coisa atrás da outra...

P: E que sensação isso te deu, A2?

A2: De calor.

P: Você tá falando de novo, da vitalidade. A experiência não é algo congelado, morto. A mente, que o Perls chama de "maya", a fantasia, a ilusão, ela é fria, congelada, ela compartimentaliza, a gente tenta encaixar as coisas. A experiência tem energia, emoção. Parece que vocês entraram em contato com outras coisas além da razão, que vocês estavam usando predominantemente antes, quando a gente tava falando de coisas teóricas.

Vocês começaram a ter um outro tipo de experiência.

Vocês começaram a se perceber inclusive corporalmente. O que foi diferente do que estava sendo até então.

A10: Acho que estar aqui-e-agora é como se a gente pudesse concentrar a energia, e que em outros momentos, em cada hora, ela vai pra lados que a gente não dá conta... não canaliza ou não traz presente pra se conscientizar mesmo.

A6: A A10 tá falando e eu me lembrei da minha experiência aqui. Durante a fala dela, com a mobilização de energia, eu fiquei muito... o meu primeiro canal forte foi o emocional, eu tava muito com ela... aí pra esfriar um pouco eu fui pro futuro, comecei a pensar em outra coisa e esfriou. Fora daqui, e eu me dei conta, comecei a rir, e voltei, e percebi que fiquei presente de novo.

E eu tava aqui, aí eu percebi o quanto eu tava emocionada, que eu pude presentificar pra mim, aí elas falaram o que eu tava fazendo, e aí eu pude identificar, mesmo. Aí eu fiquei inteira...

Mas eu fiz todo esse percurso! É medo!

P: Acho que isso é uma dica de como você lida com esta emoção.

A6: É... primeiro bate aqui (aponta o estômago), aí eu ponho aqui (aponta a cabeça)... e depois, vai embora...

P: Uma coisa importante que eu comentei algumas aulas atrás, é que é muito diferente você evitar com consciência, e você evitar sem se dar conta do que você está fazendo. E a A6 está contando isso. Ela poderia ter feito isso, sem perceber que estava fazendo.

Assim ela pode aprender algo sobre e consigo mesma. Como ela lida com esta emoção, ou pelo menos, como ela lidou neste momento, o que não significa que se lide sempre assim.

P: Que mais, gente?

A1: Eu acho que tem uma coisa assim também de quando está no aqui-e-agora, né?... é... dentro do que você estava falando, olhar uma para o rosto de cada uma, tem algo assim que nutre, essa energia, no momento que você fica, eu me sinto assim, nutrida, né?

Hoje eu tive uma experiência, é... com a minha irmã, e ela tava fazendo uma declaração de amor bem bonita pra mim, de gratidão, e aí eu fiquei com ela, fiquei em contato e depois eu tive necessidade de ficar um pouco comigo, e eu senti assim uma coisa de nutrição, mesmo... ficar com aquilo, acho que também é novo pra mim poder ficar com essas coisas, acho que nutre.

P: Acho que você tá falando de poder receber, né? Acho que quando você percebe que as colegas, que vocês estão compartilhando, nutre na medida em que você percebe o olhar do outro e oferece o seu também, o seu próprio olhar.

A1: Assim, um exemplo... às vezes eu tô com uma amiga na maior falação, pá, pá, pá, pá, e às vezes eu fico até esvaziada de tanta falação, e quando às vezes a gente tem uma experiência assim de olhar uma pra outra, ou uma falar alguma coisa, "puxa, amiga, que bom, que legal ter você como amiga", não só de elogio, mas de alguma coisa que acontece na relação, que uma percebe a outra. Acho que aquilo dá... uma vitalizada, é diferente dessa coisa de ficar falando, que às vezes a gente nem tá se dando conta do que tá falando, do que tá fazendo, fica naquela coisa...

P: Isso que você está falando é compartilhar, é vivenciar. Que é diferente de usar "bullshit, chickenshit, elephantshit", como vocês viram no texto, né?

A6: É. Cocô-de-galinha, cocô-de-vaca e cocô-de-elefante.

P: É. O que você tá falando, A1, é de uma fala *sobre* que é diferente de uma fala *com*.

A1: Isso. Exatamente.

P: Você tava falando com a A2 e a A2 tava falando *com* você. Vocês não estavam falando *sobre*.

O falar sobre faz parte, senão a gente ficaria louca, né?

Já pensou experimentar esse vermelhão toda hora?

(risos)

Esse calor todo? A gente não agüentaria, né?

(risos)

Mas não dá também pra ficar só no "sobre".

Acho que você está dizendo, A1, é que você viveu o momento quando compartilhou, se expressou, falou com o outro e falou com você também.

É diferente de falar sobre, sobre o cliente, sobre a teoria, falar sobre o outro.

Falar com mobiliza a energia. A gente recebe e dá alguma coisa. Que bom você estar podendo receber. Se o seu jeito de receber é ficando um pouco com o que você recebeu para permitir que entre, é legal que você está percebendo isso. Você sabe como é seu jeito de receber agora.

A3: Comigo aconteceu uma coisa... Eu não senti vontade de falar. Eu percebi que quando a gente tava falando, eu defletia muito, tanto quando eu tava falando com ela, quando ela tava falando comigo.

P: Você defletia o olhar...

A3: É. No começo. Aí eu comecei a olhar pra ela. Mas na hora que ela falou, teve uma hora que ela ficou quieta, só que ela ficou tossindo, e esse ficar quieta foi através do tossir, né?

E aí eu continuei olhando pra ela e foi a hora que parou. A hora que você falou pra contar pra outra como a gente estava. Eu acho assim, o silêncio, quando a gente ficou se olhando, eu me senti muito mais em comunicação do que quando a gente tava falando tanto, que a gente ficou um bom tempo se olhando, e até as pernas dela mudaram de posição. No começo tavam assim (mostra encolhidas) e, no fim, as pernas dela tavam assim (esticadas, abertas).

A4: Mas não começou assim...

A3: Não começou.

A A4 tava assim, e eu tava assim (encolhida), com as mãos assim (cruzadas). A gente fechou a atividade assim (pernas abertas e próximas, braços soltos). A gente teve um encontro, né? Olhando. A gente falou muito mais do que no verbal.

A4: É como se a gente tivesse falando como, se olhando, e falado sobre, falando. (tosse)

A2: Eu, quando comecei falar pra ela como eu estou, eu não olhava muito nos olhos dela, eu ficava com os olhos... (Não ouço a gravação mas me lembro que fala sobre o olhar em várias direções e não fixar o olhar)... e aí eu percebi, eu disse, e tô ansiosa, né? E a partir do momento que ela, que a gente começou a se olhar nos olhos, dizendo o que estava sentindo, foi me dando uma tranqüilidade tão grande! (Não ouço a gravação, mas fala sobre o olhar de aceitação da colega)

P: E como isso influenciou a maneira de estar com ela?

A2: Influenciou, mudou.

P: E como você se sentiu?

A2: No começo eu tava ansiosa, mas eu não queria falar que eu tava ansiosa, né?

P: Sei.

A2: Acabei falando. Aí eu fui conversando, conversando, e quando eu percebi, a ansiedade tinha sumido.

P: Olha que bonito que a A2 tá contando da experiência dela. Mostra inclusive a polaridade. Você quis começar dizendo que estava tranqüila, e tava difícil aceitar que estava ansiosa, e quando você assume que está ansiosa, você se tranqüiliza.

A1: É que ela foi entrando em contato com a ansiedade.

P: E tomou consciência também. Quando você aceita o seu estado, você transita, e pode sair da ansiedade e experimentar tranqüilidade.

A5: Eu acho que assim... o aqui-e-agora... (Não ouço a gravação) é a questão do risco.

P: Isso. Conta um pouco, A5, como você está vendo essa relação?

A5: Ficar no aqui-e-agora é se colocar muito mais à mercê dos riscos. É muito mais fácil ficar planejando, pensando no que eu vou fazer, se eu sou legal, na sua imagem, do que você ficar no aqui-e-agora. Acho que a experiência dela fala disso. De assumir o risco.

P: É que normalmente a gente vê o risco sempre como algo ruim, como sinal de perigo, como sinal de ameaça. O Perls fala no texto: "Como vocês vêem o risco sempre com uma conotação de catástrofe?". Ninguém na platéia falou do risco como algo que pode gerar uma experiência enriquecedora ou positiva. O que a A2 tá dizendo é justamente isso. Quando você se abre para a experiência, você realmente vive um momento de risco. Porque é desconhecido.

A6: Mas é a única possibilidade de crescimento.

P: É.

A6: Saudável.

A5: Quando ele fala do futuro, a gente não agüenta ficar com o futuro... (Não ouço a gravação)

A6: Isso que você tá falando me lembra da coisa da segurança. É mais fácil ficar no passado ou no futuro, que supostamente é mais seguro. Aí tudo fica tão chato!

P: Fica mental. Aí a gente volta no conceito de "maya", que ele usa. Quando você tá lembrando sem awareness ou antecipando, você está usando a mente. Você não está vivendo segundo o que você está percebendo através dos sentidos. Que é a experiência oposta a que vocês fizeram aqui. Que é olhar, ouvir, perceber a colega, perceber o que você está sentindo, o que você está pensando, o que está difícil, o que está travando, vivendo, usando os sentidos para se orientar. A frase do Perls "desligue a mente, ligue os sentidos", o que no fundo é a abertura para o agora.

A1: Deixar o novo entrar, né?

P: O novo entrar. A experiência que vocês fizeram nesse dez minutinhos, pelo que vocês estão me contando, foi muito mobilizadora, então é importante a gente relacionar o conceito de ansiedade com a dificuldade de estar no aqui-e-agora. O que o Perls fala sobre a ansiedade? O que é a ansiedade para a Gestalt-terapia?

A1: É o vácuo entre o agora e o depois.

P: Isso. É a tensão. Então, a ansiedade... A2, você me permite utilizar sua experiência para exemplificar?

A2: Tudo bem.

P: Tá. A A2 tava contando exatamente isso. Ela se percebeu ansiosa e não tava querendo falar da ansiedade. O que tava acontecendo com ela a gente não sabe. Mas algum incômodo havia. Vou fantasiar. O que pode vir se eu falar da minha ansiedade? A hora que você começa a aceitar que você está ansiosa, começa a entrar na experiência, o que acontece? Você começa a se ver...

A2: No agora.

P: Isso. E o que acontece com a sua tensão?

Desaparece. A experiência dela foi viver a ansiedade, se abrir para a experiência presente e sair dela. A ansiedade está ligada a uma antecipação do futuro.

(várias falas) (não ouço a gravação).

P: Não necessariamente, A11, porque a expectativa, às vezes, é até positiva.

A1: Uma viagem.

P: Casamento.

A1: Mas a ansiedade é negativa se gerar muita tensão e paralisar a pessoa.

(várias falas)

A1: Vira pré-ocupação. Estar ocupado antes. Ocupação antes gera tensão.

P: Você está falando de duas coisas diferentes. De excitação e de ansiedade. Na ansiedade a gente está tentando evitar a experiência. A A6 contou isso. Ela foi lá para o "futuro", para poder lidar com a coisa que a mobilizou, para evitar... e tudo bem. A evitação é, às vezes, experimentada como ansiedade. Só que você também experimentou excitação, quando você conta que se mobilizou com a A10, que você percebeu, que você estava dando dicas, foi quando ela mergulhou na experiência.

Quando a gente mergulha na experiência presente, a gente fica excitado. Vocês ficaram vermelhas, encaloradas, isto é excitação, a experiência, o mergulho no presente. A ansiedade ocorre quando eu tento "frear" a experiência, antecipá-la na mente.

A1: Ah! Tá.

P: Em outras palavras, a excitação acontece quando você "topa" o risco. Como vocês fizeram aqui. A ansiedade, que também apareceu, é quando a gente tenta evitar o risco.

Como está pra vocês essa diferença?

Dá pra identificar na experiência?

A?: Dá.

P: Aquele exemplo da cliente que me ligou dizendo que tem resistência. O que pode estar paralisando essa cliente? Vamos fantasiar.

A?: Ansiedade.

P: Ela tá tentando evitar o risco. Que é de estar numa situação desconhecida, de encontrar a própria dor, de encontrar um estranho. Só que a ansiedade está paralisando.

A12: Tá me vindo a imagem de um corredor. Ele tá pra sair... (Não ouço a gravação)

P: Perfeito. Ele está na largada, tem excitação. Se está antecipando a chegada então tem ansiedade também. É bem isso.

A pessoa muito voltada para o futuro tem muita dificuldade para viver. É a mesma coisa que vocês estarem aqui pensando que depois você tem vivência lá na dinâmica de grupo, o que será que as meninas vão dar, será que a vivência vai ser chata, será que vai dar. Se vocês estiverem pensando lá...

A5: Você não está nem aqui nem lá.

P: Isso. Você não está aqui, você não está lá, você está no "maya", a ilusão, um transe, que é o que o Perls fala. Você fica fora do que está se passando.

222

A coisa mais gratificante é sentir que você viveu, que você passou o dia e viveu o dia. Você estava presente onde você estava. E a coisa mais frustrante é quando você faz as coisas sem estar lá e nem cá.

Por exemplo: Você está aqui pensando no seu namorado com quem você brigou ontem, aí chega com o namorado e fica pensando no curso, que você está com falta, que vai "estourar" em falta. Ou seja, você não assiste aula e nem namora. Tá certo? Você está ansiosa.

A?: Aí você estoura em falta e perde o namorado.

(risos, falas simultâneas)

P: Aí é trágico, né?

Gente, tem mais experiências que alguém gostaria de estar contando?

Alguém quer comentar? As meninas aqui, A7, A16, A11 e A8?

A?: Não.

P: Tudo bem?

Agora eu gostaria que vocês se voltassem um pouco mais para o texto, e contassem o que chamou atenção, o que ficou em dúvida, porque parece muito óbvio essa coisa do aqui-e-agora, até cansativo... Mas a coisa mais difícil de você conseguir, primeiro, estar no aqui-e-agora, ajudar o cliente a ficar com a experiência, perceber o que está acontecendo na sessão, é o maior desafio, não só na gestalt, na vida. Porque você estar aqui-e-agora é um estado de iluminação.

É o "satori", o oposto de "maya", usando os termos orientais.

Então, não é fácil, não. Como diz o Perls, é preciso muita disciplina. Olha o paradoxo: você precisa de muita disciplina, para se deixar viver, experimentar.

Mas como? Precisa de muita disciplina pra simplesmente se deixar estar?

A6: É preciso estar de um outro jeito. É preciso sair dos condicionamentos.

A11: Ficou claro quando ele fala do aqui-e-agora. Eu não entendi quando ele fala da psicanálise em relação ao trauma. Será que não existe trauma para a gestalt? Eu fiquei assim, perdida.

P: Ele cai meio de pau na concepção da psicanálise. Na verdade, o que ele está criticando, A11, é a visão causal, tá?

Te aconteceu algo na infância então você está condenada a ter problemas e dificuldades porque te aconteceu aquilo.

A7: Eu entendi o que ele quis dizer... (Não ouço a gravação)

P: Ele diz que a criança constrói o trauma. Ele fala que ela constrói o trauma para poder dar conta da auto-estima.

A5: Isso foge da explicação, você tem isso por causa disso.

P: É. Uma explicação. Fulana tem dificuldade de se relacionar com homens por causa de seu complexo de Édipo. Isso ele critica.

A gestalt vai falar em quê?

A(várias): Situação inacabada.

(risos)

P: Quando a gestalt fala em situação inacabada, fala de um processo.

A1: Otimista, né?

P: É. Para a gestalt existe uma necessidade não satisfeita em algum momento da história da pessoa, e a expressão dessa necessidade fica distorcida; essa gestalt aberta, a situação inacabada fica no fundo pressionando em busca de satisfação.

A?: O Perls fala que existe uma escolha da figura, existe uma necessidade prioritária e a gente elege o que é figura.

A1: Elege uma situação para registrar aquela necessidade?

P: Pra suprir, não pra registrar.

A7: Ele coloca o caso de uma gestalt inacabada. Na verdade pode estar surgindo uma representação de, não necessariamente a necessidade em si. Às vezes a pessoa pode não ter-se dado conta do que ela precisa resolver.

P: Uma distorção da expressão da necessidade.

Fala um pouco mais sobre o que você quer dizer com registrar.

A7: Seria assim, como a psicanálise chama as associações, eu vejo essa bolsa e lembro da fulana. Eu uso essa bolsa como uma representação daquilo que está lá parado.

P: A gestalt fala o seguinte: o ser humano está em processo, então uma coisa que aconteceu lá, continua em transformação, pode estar "unaware", você pode não estar fazendo contato com a necessidade. Por exemplo: a criança não tem condições de avaliar o que está acontecendo, não tem ainda auto-suporte para suprir suas necessidades, seu suporte está fora. O Perls vai mais fundo e diz que quem não tem medo de crescer, supera o chamado trauma.

A5: É, mas existem as experiências dramáticas... (Não ouço a gravação)

P: Sofridas...

A proposta do Perls é que se resgate a situação inacabada e a gestalt possa ser fechada. É diferente da psicanálise clássica que pressupõe a tomada de consciência, apenas. Na gestalt, à medida que você aprimora o contato no aqui-e-agora, a gestalt se fecha.

A5: Pra psicanálise, existe a questão da liberação do inconsciente. Parece que tem um momento na análise onde a pessoa vai dizer "Ah! É isso".

A?: A catarse.

A5: É, a catarse. Parece que enquanto isso não acontece, o resto não estava valendo.

P: O Perls desenvolveu a teoria dele muito por oposição à psicanálise. E às vezes, nem por tanta oposição assim. Em alguns aspectos a gestalt está muito mais perto da psicanálise do que a gente pensa. Mas o que ele quer nesse texto é diferenciar a Gestalt-terapia da psicanálise.

A psicanálise procura o trauma, a cena do trauma, os porquês, as causas e seus efeitos, as justificativas.

Para a gestalt o aqui-e-agora é o mais importante. Que a pessoa aprenda a suprir suas necessidades, ou seja, desenvolver auto-suporte, que ficou comprometido pelas gestalten ocultas, inacabadas.

A7: E que são promovidas pelo hetero-suporte. Eu vejo isso muito na criança. É muito jogado pra criança valores, e a criança começa a verbalizar aquilo como se fosse dela. Eu não gosto de determinada comida (Não ouço a gravação)... a criança vai...

P: Introjetando.

A7: Introjetando. Isso.

P: Depois, na terapia é preciso se livrar dos introjetos, ou pelo menos olhar para selecionar "isso aqui é meu, isso não é meu", "eu quero ou eu não quero". Porque também não é jogar fora tudo.

Como ele fala no texto, um dos objetivos da terapia é você se separar dos pais, e para isso é necessário perdoá-los. É só quando você perdoa, que você deixa de ter expectativas, sai do papel de filho e vê os pais como um homem e uma mulher. E você amadurece. Não é mais o "filhinho" que precisa do "papai" e da "mamãe" para suprir suas necessidades.

As figuras materna e paterna estão internalizadas. Se você precisa de colo, você se dá colo. Se você precisa de força, você vai pra dentro e encontra força em você. Enquanto a gente vai buscar no externo, e fica se lamentando e se ressentindo do que os pais nos deram ou dei-

225

xaram de nos dar, a gente ainda tem uma criança interna "berrando". Esse é um processo que faz parte de qualquer terapia. Precisa passar por isso mesmo. De sentir as mágoas, as carências, as raivas, os ressentimentos, mas não dá pra parar aí. Precisa crescer.

A7: Sabe o que é interessante, P, quando eu pensava em alguns conceitos da gestalt, eu me dei conta de que eu ficava sempre pensando onde eu encontrava isso na psicanálise, o que a psicanálise falava sobre isso.

Aí minha professora de inglês sempre falava "não dá pra você fazer isso pensando em português, você precisa pensar em inglês". Aí acho que é a mesma coisa. Não dá pra pensar alguns conceitos vendo na psicanálise, tem que pensar gestalt.

P: É aquilo que a gente viu no começo da aula. O pensamento causal é diferente do pensamento diferencial. Então não dá pra ficar comparando. Os princípios são diferentes, muitas vezes opostos. A natureza humana pra psicanálise é uma, pra gestalt é outra.

A2: (Não ouço a gravação. Fala de uma cliente que sofreu abuso sexual) No aqui-e-agora como se trabalharia com essa criança?

P: Não sei.

Precisa ver que criança é essa, como ela se relaciona com você na sessão, quais as reações dela durante e depois desse acontecimento, como ela estava antes do acontecimento.

A2: Foi um trauma mesmo.

P: Não há receita.

A1: Eu atendi uma criança uma ocasião, e ela tinha sido abusada sexualmente, mas pra ela não tinha sido agressivo. Tinha sido para os pais. Ela não trazia que tinha sido agressivo pra ela.

P: A gente precisa pensar que ela pode não ter consciência da agressão, do significado do que aconteceu. Isso pode aparecer de outra forma. A gente precisa pensar em termos de ajustamento criativo. O que essa criança está assimilando, rejeitando ou alienando?

Como ela passa a lidar, a fazer contato com homens, com as pessoas, se ela mudou, como está o contato com o próprio corpo, se está rejeitando algo em si mesma, como ela expressa suas necessidades, se joga fora o que é tóxico, como ela está vivendo tudo isso.

A2: Com os pais, isso foi uma coisa que passou, acabou, vamos esquecer, apagar.

P: Mas você está na dúvida se puxa isso no processo?

A2: É. Porque ela foi encaminhada pra terapia... (Não ouço a gravação)

P: A gente sempre começa a trabalhar com aquilo que aparece. Por isso é que não dá pra dizer uma receita, "faça isso". Tudo vai depender de como a criança tá vindo. O trabalho de emergência tem alguns pressupostos, mas depende o tempo todo de como a criança chega. Algumas podem chegar berrando, outras mudas, outras arredias, outras podem chegar no seu colo, outras podem se esconder.

Depende da necessidade dela naquele momento e como ela está expressando essa necessidade.

Que mais, gente?

A6: Eu fiquei com a coisa do paradoxo... (Não ouço a gravação) ela tá protegendo alguma coisa, vai ter que proteger. Nesse sentido eu tava lembrando do trabalho de terapia de acolher.

P: É. Sem jogar fora a defesa. Você está falando de prestar atenção...

A6: De como acontece o processo. Você está atendendo seu cliente...

P: E o que a A2 tá falando, é saudável que a menina se defenda?

A5: É.

A6: Pra ela é importante.

P: O que precisa tomar cuidado, o que acaba acontecendo...

A?: ...que ela generalize.

P: Como ela está se relacionando, com o tio, com o pai, com o irmão daqui pra frente, porque a disfunção pode não aparecer nesses contatos, pode aparecer de outro jeito. Por isso é preciso clarear, ampliar a awareness, trabalhar através do jogo, do brinquedo, na relação, e também tocando no assunto.

A2: (Não ouço a gravação)

P: Aparentemente, viu, A2. Aparentemente.

Olha o que a A2 tá dizendo. É um exemplo importante. Que a criança põe a caixa, e não abre, não mexe. O que ela faz?

Quando o cliente não realiza uma atividade a gente acha que nada tá acontecendo. Às vezes o cliente precisa desse espaço. Às vezes a criança precisa que o terapeuta fique ali, junto. Isso tem um valor imenso. Mas depende da necessidade dela no momento. A serviço do que está o comportamento.

Às vezes quando a gente percebe que o cliente está muito fechado, é preciso sinalizar "eu estou aqui", "se você quiser falar", "se você precisar de mim", "existe algum jeito que eu possa te ajudar?". Existem pessoas que preferem começar se você fizer perguntas. Então você pode sugerir: "Você gostaria que eu fizesse algumas perguntas?", ou "Você prefere ficar e a hora que sentir vontade você fala?". Você se colocar disponível é o mais importante.

Tudo bem, gente?

Então vamos terminando por hoje.

Referências bibliográficas

ALVES, A. J. "O planejamento de pesquisas qualitativas". *Cadernos de Pesquisas*, s.l., maio de 1991 (mimeografado).

ANDRÉ, M. E. *Etnografia da prática escolar*. Campinas: São Paulo, Papirus, 1995.

BACHELARD, G. (1938). *A formação do espírito científico*. Rio de Janeiro, Contraponto, 1996.

_____. *A poética do espaço*. São Paulo, Martins Fontes, 1989.

BADIOU, A. *Para uma nova teoria do sujeito*. Rio de Janeiro, Relume-Dumará, 1994.

BAFFILE,S. N. *Interrupção do processo psicoterapêutico: uma abordagem gestáltica*. São Bernardo do Campo, 1997, Dissertação (Mestrado) – Instituto Metodista de Ensino Superior.

BARROS, P. "Prefácio da edição brasileira". In: Stevens, J. O. *Tornar-se presente*. São Paulo, Summus, 1977.

BARTHES, R. *Aula*. São Paulo, Cultrix, 1978.

BEISSER, A. R. (1970). "A teoria paradoxal da mudança". In: Fagan, J. e Sheferd, I. (orgs.). *Gestalt-Terapia – teoria, técnicas e aplicações*. Rio de Janeiro, Zahar, 1980.

BUBER, M. *Eu e tu*. São Paulo, Moraes, 1974.

BUROW, O. e SCHERPP, K. *Gestalt-pedagogia. Um caminho para a escola e a educação*. São Paulo, Summus, 1985.

CARDELLA, B. H. P. *O amor na relação terapêutica: uma visão gestáltica*. São Paulo, Summus, 1994.

CIORNAI, S. "Relação entre criatividade e saúde na Gestalt-terapia". *Revista do I Encontro Goiano de Gestalt-terapia*, 1995.

COELHO JUNIOR, N. "A identidade (em crise) do psicólogo". *Cadernos de Subjetividade*, nº 4. São Paulo, PUC, 1º e 2º semestre de 1996.

CROCKER, S. F. "Proflection". *The Gestalt Journal*, vol. IV (2): 13-34, 1981.

CUPERTINO, C. M. B. "A crise da racionalidade: E a inteligência como fica?". *Gifted Education International*, vol. 11, nº 3, 1996.

_____. *O resgate do marginal: atividades inpertinentes para psicólogos em formação*. São Paulo, 1995, Tese (Doutorado) – PUC.

DARTIGUES, A. *O que é a Fenomenologia?*. São Paulo, Moraes, 1992.

ELIOT, T. S. In: Alves, R. *O retorno eterno*. Campinas, Papirus, 1993.

FAZENDA, I. *Metodologia da pesquisa científica*. São Paulo, Cortez, 1991.

FIGUEIREDO, L. C. M. "Convergências e divergências: a questão das correntes de pensamento em Psicologia". *Trans-in-formação*. São Paulo, vol. 4, nºs 1, 2, 3, jan./dez., 1992a.

_____. "Um método para o pensamento débil: há seriedade nisso?". 1992b (mimeografado).

_____. "Sob o signo da multiplicidade". *Cadernos de Subjetividade*, São Paulo, v. 1, nº 1, mar./ago. 1993.

_____. "A fabricação do estranho: notas sobre uma hermenêutica 'negativa'". *Boletim de Novidades*, Pulsional, ano VII, nº 57, 1994.

_____. *Revisitando as psicologias: da epistemologia à ética nos estudos psi*. São Paulo, Vozes/Educ, 1995a.

_____. "Foucault e Heidegger: a ética e as formas do habitar (E do não habitar)", 1995b (mimeografado).

FORGHIERI, Y. C. (org.). *Fenomenologia e psicologia*. São Paulo, Cortez, 1984.

FRAZÃO, L. M. "É possível treinar as habilidades de um terapeuta? Contribuições da Gestalt-Terapia". Departamento de Psicologia Clínica da Universidade de São Paulo, s. d. (digitado).

_____. *O modelo de aprendizagem experiencial aplicado ao ensino de terapia de grupo*. São Paulo, 1983, Dissertação (Mestrado) – Universidade de São Paulo.

FRIEDMAN, M. *The Healing Dialogue in Psychotherapy*. Nova York/Londres, Jason Aronson, 1985.

FROM, I. "Reflections on Gestalt Therapy After 32 Years of Practice: A Requiem for Gestalt". *The Gestalt Journal*, vol. VII, nº 1, Nova York, primavera, 1984.

GINGER, S. e GINGER, A. *Gestalt: uma terapia do contato*. São Paulo, Summus, 1994.

HYCNER, R. *De pessoa a pessoa*. São Paulo, Summus, 1995.

_____. "A relação eu-tu e a Gestalt Terapia". *The Gestalt Journal*, vol. XIII, nº 1, 1990 (tradutor desconhecido).

_____. e JACOBS, L. *The Healing Relationship in Gestalt Therapy*. Highland, NY, The Gestalt Journal Press, Inc., 1995.

JACOBS, L. *I-Thou Relation in Gestalt Therapy*. Los Angeles, 1978, Dissertação (Doutorado) – California School for Professional Psychology (trad. Luís Lilienthal).

JULIANO, J. C. "A arte de restaurar o diálogo, libertando estórias: uma perspectiva do processo terapêutico". *Revista de Gestalt*, nº 6, 1997.

JULIANO, J. C. "Gestalt-Terapia: revisitando nossas histórias". *Revista de Gestalt*, ano II, nº 2, 1992.

LATHER, P. "Critical frames in educacional research: feminist and post-structural perspectives". *Theory into Practice*, vol. XXXI, nº 2, primavera, 1992.

LEWIN, K. *Problemas de dinâmica de grupo*. São Paulo, Cultrix, 1970.

LIMA FILHO, A. P. *Gestalt e sonhos*. Goiânia, Dimensão, 1993.

LOBATO, C. "Un modelo de supervision en el desarrollo profesional de psicologos de la orientacion". Apresentado no XXVI Congresso Interamericano de Psicologia, São Paulo, julho 1997.

LOFFREDO, A. M. *A cara e o rosto: ensaio sobre Gestalt-terapia*. São Paulo, Escuta, 1994.

MARCONDES, D. "A crise dos paradigmas e o surgimento da modernidade". Brandão, Z. *A crise dos paradigmas em educação*. São Paulo, Cortez, 1994.

NARANJO, C. "The Attitude and Practice of Gestalt Therapy". S/l, s/ed, 1989 (tradução e revisão: Luís Lilienthal).

PAZ, O. *A dupla chama. Amor e erotismo*. São Paulo, Siciliano, 1994.

_____. (1955). *El Arco y la Lira*. México, D. F., Fondo de Cultura Económica, 1986.

_____. (1964). *Signos em rotação*. São Paulo, Perspectiva, 1996.

PERLS, F. S. *A abordagem gestáltica e testemunha ocular da terapia*. Rio de Janeiro, Guanabara, 1988.

_____. (1942). *Yo, hambre y agresión – Los comienzos de la terapia gestaltista*. México, Fondo de Cultura Económica, 1975.

_____. (1969). *Escarafunchando Fritz. Dentro e fora da lata do lixo*. São Paulo, Summus, 1979.

_____. (1969). *Gestalt terapia explicada:"Gestalt Terapy Verbatim"*. São Paulo, Summus, 1977.

PERLS, F.; HEFFERLINE, R. e GOODMAN, P. (1951). *Gestalt Therapy: Excitement and Growth in the Human Personality*. Londres, Penguin Books, 1977.

_____. (1951). *Gestalt-terapia*. São Paulo, Summus, 1997.

PERLS, L. "Concepts and misconceptions of Gestalt Therapy". *Voices*, vol. 14, nº 3, 1978 (trad. Thérèse A. Tellegen).

POLSTER, E. e POLSTER, M. *Gestalt – terapia integrada*. Belo Horizonte, Interlivros, 1979.

PORCHAT, I. *As psicoterapias hoje*. São Paulo, Summus, 1982.

_____. e BARROS, P. (orgs.). *Ser terapeuta*. São Paulo, Summus, 1985.

RIBEIRO, J. P. *Gestalt – terapia: refazendo um caminho*. São Paulo, Summus, 1985.

SÃO PAULO (Estado). Universidade de São Paulo. Instituto de Psicologia. Serviço de Biblioteca e Documentação. *Manual de Orientação: Citações e notas de rodapé*. São Paulo, 1997.

SÃO PAULO (Estado). Universidade de São Paulo. Instituto de Psicologia. Serviço de Biblioteca e Documentação. *Manual de Orientação: Normalização de referências bibliográficas.* São Paulo, 1997.

SERRES, M. *Filosofia mestiça.* Rio de Janeiro, Nova Fronteira, 1993.

STEVENS, B. (1970). *Não apresse o rio, ele corre sozinho.* São Paulo, Summus, 1978.

STEVENS, J. O. (1971). *Tornar-se presente: experimentos de crescimento em Gestalt-terapia.* São Paulo, Summus, 1977.

TELLEGEN, T. A. *Gestalt e grupos: Uma perspectiva sistêmica.* São Paulo, Summus, 1984.

_____. "Atualidades em Gestalt-terapia". Porchat, I. (org.). *As psicoterapias hoje.* São Paulo, Summus, 1982.

_____. "Para uma identidade em gestalt: eixos do processo terapêutico". Apresentado no Seminário I do Centro de estudos de Gestalt de São Paulo, Instituto Sedes Sapientiae, São Paulo, 1986.

YONTEF, G. *Awareness: Dialogue & Process. Essays on Gestalt Therapy.* Nova York, BookMasters Inc., 1993.

_____. "Gestalt Therapy: a Dialogic Method". S/l, s/ed, 1986 (trad. Jean Clark Juliano).

_____. "Gestalt Therapy: Clinical Phenomenology". *The Gestalt Journal*, vol. II, nº 1, 1987 (trad. Jean Clark Juliano).

_____. "Mediocrity or Excellence: An Identity Crisis in Gestalt Therapy Training". ERIC/CAPS, University of Michigan, 1981.

_____. "Modes of Thinking in Gestalt Therapy". *The Gestalt Journal*, vol. VII, nº 1, Nova York, 1984.

_____. *Processo, diálogo e awareness: ensaios em Gestalt-terapia.* São Paulo, Summus, 1998.

ZINKER, J. *Creative Process in Gestalt Therapy.* Nova York, Brunner/Mazel, 1977.

ZLOTNIC, S. "Do uso da técnica: sete riscos ou os sete pecados capitais em Gestalt-terapia". *Revista de Gestalt*, ano I, nº 1, 1991.

BEATRIZ HELENA PARANHOS CARDELLA, nasceu em Campinas em 1962, descendente de russos e italianos. Dedicou parte de sua infância e toda a adolescência à prática de esportes, especialmente a natação. Posteriormente, foi professora de natação para bebês, crianças e adultos.

Em 1981, ingressou no curso de Psicologia da PUC de Campinas. Durante a faculdade trabalhou com crianças excepcionais e como monitora em diversas disciplinas. Fez pós-graduação em Psicologia Clínica na USP, curso que concluiu em 1988. Naquela época trabalhava como psicoterapeuta em consultório particular, e como psicóloga no Centro de Performance Humana, com atletas e profissionais que buscavam ajuda para problemas de estresse.

Foi professora universitária no período de 1988 a 1996, lecionando Psicologia na Universidade Paulista e nas Faculdades de Ciências da Saúde São Camilo.

Em 1991, concluiu sua especialização em Gestalt-terapia pelo Instituto Sedes Sapientiae e, em 1997, tornou-se professora e membro da equipe de coordenação deste mesmo curso, dedicando-se à formação de psicoterapeutas.

Em 1999, concluiu o mestrado em Educação pela Universidade Paulista. Integrou, como convidada, a equipe docente do curso de especialização em Arte-terapia do Instituto Sedes Sapientiae e da Associação Brasileira de Eutonia.

É consultora e colaboradora da *Revista de Gestalt*, com numerosos artigos relacionados ao ensino e à prática dessa abordagem.

É autora do livro *O amor na relação terapêutica: uma visão gestáltica*, publicado pela Summus Editorial. Dedica-se também a escrever crônicas, contos e artigos, além de estudar Literatura e Linguagem Poética.

www.gruposummus.com.br